东乡族毛毡以柔软、舒适、匀称、洁净、美观大方、经久耐用而驰誉祖国西北各地。东乡族的擀毡技艺和长篇叙事诗《米拉尕黑》被列入国家级非物质文化遗产名录。而今东乡族的脚户哥、筏子客、擀毡匠的子孙们，依然传承着吃苦耐劳的精神，在改革开放的火热岁月里，唱着花儿，走出大山。

走近中国少数民族丛书
主 编/丹珠昂奔

东乡族
Dongxiangzu

马兆熙 马自祥 著

辽宁民族出版社

Ⓒ 马兆熙　马自祥　2014

图书在版编目（CIP）数据

东乡族 / 马兆熙，马自祥著. —沈阳：辽宁民族出版社，2014.12（2020.5重印）
（走近中国少数民族丛书 / 丹珠昂奔主编）
ISBN 978-7-5497-0953-3

Ⅰ. ①东… Ⅱ. ①马… ②马… Ⅲ. ①东乡族（古族名）—民族历史—中国 ②东乡族（古族名）—民族文化—中国　Ⅳ. ①K283.3

中国版本图书馆CIP数据核字（2014）第310809号

走近中国少数民族丛书·东乡族
ZOUJIN ZHONGGUO SHAOSHU MINZU CONGSHU·DONGXIANGZU

丛书策划 / 李凤山

出版发行者：	辽宁民族出版社
地　　　址：	沈阳市和平区十一纬路25号　邮编：110003
印　刷　者：	河北锐文印刷有限公司
幅面尺寸：	170mm×240mm
印　　张：	10.5
字　　数：	156千字
出版时间：	2014年12月第1版
印刷时间：	2020年5月第2次印刷
责任编辑：	李凤山　吴昕阳
封面设计：	杜　江
责任印制：	杨　雪
责任校对：	边京爱

标准书号：ISBN 978-7-5497-0953-3
定　　价：38.00元

网　址：www.lnmzcbs.com　　　邮购热线：024-23284335
淘宝网店：http：// lnmz2013.taobao.com
如有印装质量问题，请与出版社联系调换　联系电话：024-23284340

《走近中国少数民族丛书》编辑委员会

主　编／**丹珠昂奔**（藏族）

副主编／**武翠英　张学进　李凤山**（蒙古族）

编　委／(按姓氏音序排列)

　　　　巴哈提（哈萨克族）　　白庚胜（纳西族）　　白兰英（蒙古族）

　　　　陈　丹（彝族）　　　　杜　江　　　　　　黄如猛（壮族）

　　　　金顺玉（朝鲜族）　　　李　璜　　　　　　李　欣（朝鲜族）

　　　　李有明（回族）　　　　吕　怡　　　　　　莫福山（藏族）

　　　　权春哲（朝鲜族）　　　萨仁图娅（蒙古族）　佟　强（蒙古族）

　　　　吴昕阳（满族）　　　　徐　凯　　　　　　殷德俭

　　　　张学林（朝鲜族）　　　钟廷雄（壮族）　　　朱　虹（蒙古族）

《走近中国少数民族丛书》作者名录

《蒙古族》 萨仁图娅（蒙古族）
《回族》 许宪隆（回族） 张龙（汉族）
《藏族》 丹珠昂奔（藏族）
《维吾尔族》 艾克拜尔·吾拉木（维吾尔族）
　　　　　 买力克·买买提（维吾尔族）
　　　　　 伊利迪尔（维吾尔族）
《苗族》 石莉芸（苗族） 李云兵（苗族）
《彝族》 陈国光（彝族）
《壮族》 黄佩华（壮族）
《布依族》 周国炎（布依族）
《朝鲜族》 黄有福（朝鲜族）
《满族》 于今（满族）
《侗族》 杨筑慧（侗族）
《瑶族》 玉时阶（壮族）
《白族》 董建中（白族）
《土家族》 罗中（土家族） 罗午（土家族）
《哈尼族》 朱志民（哈尼族） 李泽然（哈尼族）
《哈萨克族》 艾克拜尔·米吉提（哈萨克族）
　　　　　　 伊拉达·拉音别克（哈萨克族）
《傣族》 赵瑛（傣族）
《黎族》 罗文雄（黎族）
《傈僳族》 鲁建彪（傈僳族） 欧光明（傈僳族）
《佤族》 郭锐（佤族）
《畲族》 钟亮（畲族）
《台湾少数民族》 林华（台湾少数民族）
《拉祜族》 苏翠薇（拉祜族）
《水族》 韦学纯（水族）
《东乡族》 马兆熙（东乡族） 马自祥（东乡族）
《纳西族》 白庚胜（纳西族） 孙淑玲（汉族）
　　　　　 白羲（纳西族）
《景颇族》 金黎燕（景颇族）

《柯尔克孜族》 阿地里·居玛吐尔地（柯尔克孜族）
《土族》 祁进玉（土族） 东永学（土族）
《达斡尔族》 毅松（达斡尔族）
《仫佬族》 黎学锐（仫佬族） 黎炼（仫佬族）
《羌族》 雍继荣（羌族） 罗吉华（羌族）
　　　　 周发成（羌族）
《布朗族》 陶玉明（布朗族）
《撒拉族》 马成俊（撒拉族） 马建新（撒拉族）
《毛南族》 韩德明（汉族）
《仡佬族》 周小艺（仡佬族）
《锡伯族》 阿苏（锡伯族） 盛丰田（锡伯族）
　　　　　 何荣伟（锡伯族）
《阿昌族》 们发延（阿昌族） 张斯齐（蒙古族）
《普米族》 朱凌飞（汉族） 杨周明（普米族）
《塔吉克族》 西仁·库尔班（塔吉克族）
　　　　　　 阿力木江·西仁（塔吉克族）
《怒族》 李月英（傈僳族） 张芮婕（傈僳族）
《乌孜别克族》 古丽巴努木·克拜吐里（维吾尔族）
《俄罗斯族》 乃珂热曼·依布拉音（塔吉克族）
《鄂温克族》 黄任远（汉族） 那晓波（鄂温克族）
《德昂族》 袁丽华（汉族） 王燕（汉族）
《保安族》 马少青（保安族）
《裕固族》 董潇红（裕固族） 王政德（藏族）
《京族》 吕俊彪（汉族）
《塔塔尔族》 卡米力·库尔马尤夫（塔塔尔族）
《独龙族》 李金明（独龙族）
《鄂伦春族》 王为华（汉族）
《赫哲族》 黄任远（汉族）
《门巴族》 陈立明（汉族） 张媛（汉族）
《珞巴族》 陈立明（汉族） 李锦萍（汉族）
《基诺族》 朱映占（汉族）

总序

中国是一个统一的多民族国家。几千年来，有着悠久历史和灿烂文化的少数民族，与汉族一道，在中华大地上繁衍生息，共同开发着这块土地，建设、发展、捍卫着这个古老而伟大的国家。各民族都是兄弟，相互离不开，都是这个国家的主人。习近平总书记在第二次中央新疆工作座谈会上发表重要讲话，指出："要坚定不移坚持党的民族政策、坚持民族区域自治制度。民族团结是各族人民的生命线。要高举各民族大团结的旗帜，在各民族中牢固树立国家意识、公民意识、中华民族共同体意识，最大限度团结依靠各族群众，使每个民族、每个公民都为实现中华民族伟大复兴的中国梦贡献力量，共享祖国繁荣发展的成果。各民族要相互了解、相互尊重、相互包容、相互欣赏、相互学习、相互帮助，像石榴籽那样紧紧抱在一起。""要在各族群众中牢固树立正确的祖国观、民族观，弘扬社会主义核心价值体系和社会主义核心价值观，增强各族群众对伟大祖国的认同、对中华民族的认同、对中华文化的认同、对中国特色社会主义道路的认同。"因此，坚持平等、团结、互助、和谐的社会主义民族关系，不断增进了解，深化友谊，建立牢不可破的感情基础，是中国社会转型期、改革攻坚期、矛盾多发期保持社会稳定、发展的基本要求，也是实现中华民族伟大复兴的中国梦的基本要求。

为了进一步宣传我国少数民族的历史文化和民族风情，增强对少数民族的认识，宣传党的民族政策和方针，加深对党的民族政策的理解，加强各民族之间的了解与沟通，让读者了解少数民族，中华人民共和国国家民族事务委员会文化宣传司和辽宁民族出版社共同组织了《走近中国少数民族丛书》。

《走近中国少数民族丛书》的编写有以下三个特点：第一，采用图文并茂的形式、鲜活生动的语言、特色浓郁的图片与丰富的民族常识链接，向读者展示我国55个少数民族的历史渊源、民族变迁、社会生活、文化艺术、风俗习惯、历史人物和民族区域自治政策的伟大实践。第二，作者多为本民族的专家学者和与民族研究工作相关的专家学者，对自己撰述的对象既有深厚的知识积累，也有真挚的情感。第三，内容彰显了历史与现实、民族文化与地域文化、民族区域自治地方与散杂居地区少数民族生产生活的多彩画卷和轨迹，引导读者走近少数民族，聆听他们的古老传说，感受他们的发展变化，加深彼此的沟通和了解。这套《走近中国少数民族丛书》是面向民族干部和各级干部通览我国少数民族概况的普及读本，也是图书馆的必备藏书。

　　《走近中国少数民族丛书》所揭示的每一个民族的历史，都承载着这个民族的文化，也承载着这个民族的发展和未来。中华大地孕育的55个少数民族多彩斑斓的民族文化，同汉族文化一道从远古走到今天，汇入了中华文化壮阔的历史长河。"共同团结奋斗，共同繁荣发展"，保护、传承和弘扬少数民族优秀文化，不仅是推动我国民族团结进步事业的重要内容，也是构建和谐社会、实现中华民族伟大复兴的中国梦的重要使命。期待通过《走近中国少数民族丛书》，使广大读者徜徉于少数民族多彩风情的同时，更加深刻地了解和认知中华民族多元一体的文化内涵，感受中华民族悠久历史的深远与厚重。

丹珠昂奔

2014年6月26日

前言

东乡族 漫着"花儿"走四方

东乡族聚居在甘肃省中部干旱腹地的群山丛岭中,周围的四条河把东乡族人围得严严实实:北依黄河、西濒大夏河、东临洮河、南靠广通河。也许正是这种"封闭",使东乡族人至今还较为完整地保留着自己的母语和伊斯兰教的宗教信仰,以及悠久的历史文化。岁岁年年地守望着大山,让东乡族人身居高山而周览四方,似乎从没有被大河的波涛和险山恶水阻隔过。古往今来,许多脚户哥、筏子客、擀毡匠,唱着故乡特有的山歌——花儿,闯遍祖国西部大地。

《河州志》记载"东乡多负贩"。脚户哥就是"负贩"之一,他们是赶着驮运的骡队马帮,用脚力丈量着千山万水的穷苦人。一般被富商大贾、行商掌柜雇佣为伙计,或者本人就是小商贩。脚户哥跑长途不是走单帮,单帮是一两个人赶上四五头骡子自来自往,而驮运队则是驮骡结成相当规模的驮运队伍,互相照应行走于四方。一年四季或下四川、走陕西,或上青海、奔西藏,或闯口外、上新疆,他们所经历的艰辛,早已沉淀在一首古老的"花儿"里:

一溜儿山,

两溜儿山,

三溜儿山呀,

脚户哥下了个四川;

身上的泼土脸上的汗,

小阿哥一路上好难……

东乡族脚户哥虽然受尽艰辛,但却是丝绸之路上的百灵鸟,他们走一路,唱一路,把悠扬的"花儿"远播到四面八方,他们倾吐辛酸和苦难,想念父母、妻儿和家园，尤其是想念那些站在村头、每每翘首以盼的心上人。

东乡族的脚户哥最拿手的绝活是压走骡。压走骡也叫驯走骡，其目的不在于让骡子驰骋奔跑，而在于训练骡子的走手。一匹好的走骡在山间小路上急速地走起来像坐轿一样平稳、舒适，脚户哥看哪头骡子走得好，拿一碗水放在鞍子上，让骡子疾走如飞，不溢出一滴水的便是好走骡。走骡驯好了，驮满货物，伴着环绕牲口脖子上铜铃铛的节奏，驮运队如旋风一样，卷尘而来。一首"花儿"这样唱道：

打马的鞭子甩远了，

走骡的脚步儿乱了；

这一匹骡子的好走手，

尾巴上拴的是绣球。

从事水上运输的人叫筏子客。东乡地区四面环河，因此渡口较多，东乡族的筏子客也很多。《东乡族简史》记载：1949年前很少渡桥，过往旅客全靠羊皮筏子和木筏子渡河。1949年以前在东乡境内的黄河上的渡口有黑城渡、盐场渡、红崖渡、他家渡等；洮河上的渡口有马巷渡、红柳滩渡、野松达坂渡、科托渡等；大夏河的渡口有东塬渡、喇嘛川渡等。筏子客将沿黄河、洮河、大夏河流域砍伐的木材并排扎成木筏子，每个筏子有木材数十根，然后顺水漂向下游。每个筏子上有撑筏子的水手数人，有的十多个木筏子前后连为一体，是甘肃、青海、宁夏等地运输木材和货物的主要途径。当时在东乡地区从事筏子客营生的东乡族有千户之多。一首"花儿"里这样唱道：

峡谷里射出一排箭，

筏子客，浪尖上绕花子哩；

桨板子摇了个三点水，

好花儿，漫在了后河套哩。

擀毡也是东乡族的传统手艺。因为东乡族地区山大沟深，海拔2 400多米，属于高寒地带，毛毡为高寒地带所必需之物，所以擀毡是东乡族擅长的手艺。东乡族的毛毡种类较多：有春毛毡、纱毡（山羊毛）、绵毡（绵羊毛）；以大小分，通常有四六毡、五七毡、单人毡、拜毡；以颜色分，有白毡、红毡、花色瓦青毡等。毛毡还可以制成毡帽、毡垫、毡鞋、毡衣等。东乡族毛毡以柔软、舒适、匀称、洁净、美观大方、经久耐用而驰誉西北各地。东乡族的擀毡技艺和民间长篇叙事诗《米拉尕黑》被列入国家级非物质文化遗产名录。而今东乡族的脚户哥、筏子客、擀毡匠的子孙们，依然传承着吃苦耐劳的精神，在改革开放的火热岁月里，唱着"花儿"，走出大山。

东乡族的手抓羊肉历史悠久，是东乡族独具特色的饮食文化品牌，早在元代就作为皇室的贡品，被称之为"柨罕赤骨髓羯羊肉"，肉质鲜嫩，肉纤维间脂肪含量适中，无膻味，肥而不腻，味美可口，深受广大消费者的青睐，现已稳固占领临夏、兰州等西部大小城市的餐厅和市场，并从西北逐渐向全国延伸。

在东乡族地区，"花儿"被称为"出门人的歌"。东乡族的"花儿"音乐曲调非常丰富，足有六七十种之多，如"河州大令""河州二令""河州三令""东乡令""憨敦敦令""白牡丹令""尕马儿令""水红花令"等。东乡族的"花儿"音乐与歌词相配合，有一曲多词和一词多曲的特点。它的调式通常为五声徵调或者商调式，曲调结构是单段体结构，在歌唱中配以大量的衬词虚词，声调高亢、悠扬、嘹亮，颇具感染力。

如今，那些脚户哥、筏子客、毡匠客的子孙们，以"花儿"为伴，在那如歌的岁月里，唱着走着，走着唱着。东乡族"出门人的歌"，将会越传越远，越唱越美……

目录

总序	001
前言	003
第一章　源远流长话东乡	009
哈姆则岭与《古兰经》	010
萨尔塔称谓	012
话说东乡	016
第二章　勤劳坚韧的民族性格	021
春水清流泽荒山	022
小太阳城里耀新辉	023
高原上的东乡"铁军"	024
第三章　宗教信仰与宗教习俗	029
宗教信仰	030
宗教习俗	035
清真寺与拱北	040
第四章　民俗风情	043
栉比鳞次的庄窠	044
多种多样的风味饮食	047
朴素而多样的服饰	052
传统婚俗	058
"杜亚依结"——丧葬	065
交友待客	066
四大节日	068
家庭与家族	072

第五章　民族文化　　　　　　　　　　　　077
民间文学　　　　　　　　　　　　　　　　078
文娱体育　　　　　　　　　　　　　　　　083

第六章　生产及贸易　　　　　　　　　　087
经济生产　　　　　　　　　　　　　　　　088
交通——"各人的陌各人修"　　　　　　　103
集市贸易　　　　　　　　　　　　　　　　106

第七章　崇尚文明　兴学重教　　　　　　115
清代义学设立与人才培养　　　　　　　　　116
民国时期新式学校　　　　　　　　　　　　117
"唐汪精神"开先河　　　　　　　　　　　117
助学基金薪火相传　　　　　　　　　　　　120
国家投入促发展　　　　　　　　　　　　　121

第八章　民族区域自治　　　　　　　　　　127
东乡族自治县　　　　　　　　　　　　　　128
积石山保安族东乡族撒拉族自治县　　　　　132
民族乡　　　　　　　　　　　　　　　　　133

第九章　名人逸事　　　　　　　　　　　　139
在反抗斗争中涌现的革命先烈　　　　　　　140
当代作家、艺术家和学者　　　　　　　　　146
参考文献　　　　　　　　　　　　　　　　159
图片提供者　　　　　　　　　　　　　　　160
后记　　　　　　　　　　　　　　　　　　161

第一章
源远流长话东乡

哈姆则岭的《古兰经》见证着东乡族的起源，见证着东乡族日新月异的发展变化。

在新时期，果敢、坚毅的东乡族同全国各族人民一道，迎来了一个焕然一新的时代，开始了历史的新纪元。

哈姆则岭与《古兰经》

说来也算蹊跷，东乡这高山深沟蜿蜒汇聚的大山部落里，东乡族自治县县城锁南坝，就坐落在东乡崇山峻岭的七座山梁汇集的中心位置，有人曾把它比喻为一把撑开的巨伞，那突兀而起的伞顶上，就是锁南坝，那七条山梁，就像是伞的骨架，向四面八方延伸开来。大山梁套着小山梁，大山沟汇聚着小山沟，山岭密布，沟壑纵横，大山的每条褶皱里都有炊烟袅袅的村庄。

在锁南坝以东10公里的一条山梁，叫哈姆则岭，这里有一个博物馆，馆内陈列着一本千年的《古兰经》，它可以穿越漫长的历史隧道，见证东乡族的族源。

这部《古兰经》说来话长。随着7世纪伊斯兰教传入中国，《古兰经》逐渐为中国穆斯林所熟悉。伊斯兰教在我国传播过程中，有些地方保留了许多珍贵的《古兰经》手抄本。其中，东乡族自治县哈姆则岭博物馆收藏的手抄本《古兰经》，是我国发现年代较为古老的一部。

据口碑资料证实，这部手抄本《古兰经》是东乡族先贤哈姆则巴巴，在700多年前，率领着他的40名"晒黑顾杜卜"（阿拉伯语，意为弟子），从遥远的中亚历史名城撒马尔罕，历经千辛万苦、长途跋涉带到锁南坝的。哈姆则巴巴来到锁南坝龙家岭的山梁定居下来，并在此山上修了一座大礼拜寺。哈姆则巴巴归

东乡族自治县县城

真以后，这个山岭就叫哈姆则岭。哈姆则巴巴率领的40名埠格勒（意为大贤）中，有13人分别定居在东乡的那日光村、撒勒村、石蜡切村等地。在哈姆则巴巴之后，从西域陆陆续续来了许多"赛义德"（阿拉伯语，意为先生），其中有个叫阿利阿塔的在布隆谷村定居下来，去世后就埋在这里。哈姆则巴巴从中亚带来的《古兰经》，在东乡族人心目中，珍贵无比。

《古兰经》书影

2010年底，第四届东亚纸张保护国际学术研讨会在莱州召开，甘肃省文物鉴定委员会邀请国内外考古、纸张、阿拉伯文和古籍手抄本研究领域的专家，对东乡族哈姆则岭博物馆珍藏的手抄本《古兰经》进行了鉴定。综合该手抄本的书法字体、纸张、彩绘、传承信息等，经过现场取样、显微分析，断定它的纸张纤维长，纸张的质量高，同西方纸张相比较，有靠近东方纸张类型的特点，并根据经书所采用的封面风格、彩绘艺术、书体及用纸，确定其年代上限为9世纪，下限为11世纪，是迄今为止，全世界最早的《古兰经》手抄本之一，同时甘肃省文物鉴定委员会认定该《古兰经》手抄本为国家一级文物。当代阿拉伯文书法家陈进惠和北京大学阿拉伯文教授钟跻昆对经书进一步考证，这部《古兰经》所用纸张为撒马尔罕纸，字体为阿拉伯文，是书法

"三一体"，书写颜料为墨汁，彩绘颜料以纯金和青金石等矿物颜料为主，在经书末页有掺杂着波斯文阿拉伯文题记。

> **知识链接** **撒马尔罕纸** 撒马尔罕纸源于751年发生在中国唐王朝与阿拉伯人之间的一场战争——怛罗斯战役。此次战役以唐朝失败而告终，阿拉伯人所俘获的两万多名唐朝士卒中有包括造纸工匠在内的各种技工，他们被羁押于撒马尔罕，建造造纸作坊。据史学家考证，在撒马尔罕，中国工匠于757年建成了第一间造纸作坊，而阿巴斯王朝（750—1258）的首都巴格达建立的第一家造纸作坊是795年的事，比撒马尔罕晚约40年。从撒马尔罕到巴格达，再到欧洲，中国造纸术每传到一处，都对当地乃至一国文化的繁荣兴盛起到重要的促进作用。

"三一体"是阿拉伯文书法体之一，阿拉伯语"苏鲁斯体"的意译。"苏鲁斯"意为三分之一，故意译为"三一体"。阿拉伯人称"三一体"为"书法之母"，说明它在各种书法体中的地位和作用。"三一体"有很多分支，但总体上可分为正规"三一体"和盘缠"三一体"两大类。"三一体"的应用范围较广，诸如用于《古兰经》的章名、经文警句以及各种文艺、体育、商业广告等。

爱尔兰共和国都柏林切斯特尔·贝蒂图书馆收藏着目前世界上公认的最古老的《古兰经》手抄本之一，是10世纪阿拉伯书法艺术大师伊本·班瓦卜抄写的，他一生共抄写了64部《古兰经》，都柏林所藏的是已知仅存的一部，其他的流落到哪里，并不清楚。许多专家通过对东乡的这部《古兰经》的章节逐字逐句进行对照分析，发现其字体结构、章法和书法的神韵基本一致，因而推测断定，东乡的《古兰经》手抄本可能就是这64部《古兰经》之一。该经书已成为东乡族族源的实物佐证，它经历800余年的历史变迁，世世代代保存下来，弥足珍贵。

萨尔塔称谓

关于东乡族的社会历史情况，过去历朝历代的统治者都不承认东乡族是一个单独的民族，被当成"贫瘘之回""东乡土人"。

东乡族自治县

所以,新中国建立以前的文献古籍中,把东乡族人的活动纳入回族的活动一起记载,就连东乡族世世代代所在的河州(今临夏回族自治州)的州志上,也没有单独记载。再者因东乡族只有语言,没有文字,故没有文献古籍材料可资稽考。

东乡族自称"萨尔塔",新中国成立前的所谓"东乡",纯属是一个地域概念。因临夏古称河州,当地俗言,对河州的东、西、南、北四乡有东乡、西乡、南乡、北乡的习惯称谓。随着中华人民共和国的诞生,繁衍生息在东乡地区的萨尔塔人真正获得了民族新生的权利,才被正式定名为东乡族,成为祖国民族大家庭中的一员。

东乡族族源有西来说之谓,大量的口碑资料广泛流传,东乡族先民是中亚、西亚的萨尔塔人。后来,随着成吉思汗率领的蒙古大军西征返回时,在东乡地区定居,繁衍生息。因此东乡族历来自称"散塔"(萨尔塔一词的转音),这种转音称呼在东乡族中较为常见。萨尔塔的含义是泛指中西亚一带的穆斯林而言,即"回回色目人","萨尔塔"也曾作为当时西域和中亚的一个特定地域。

13世纪,大漠南北,蒙古崛起,在那个动荡时期,有许多国家和地区都发生了重大的变化,有的消失,有的同化,有的衰落,有的崛起。东乡族即在此时渐而孕育、形成。13世纪，成吉思汗亲征中亚，当时的花剌子模沙摩河拥兵约40万，而蒙古军队，包括从维吾尔亦都护和刚被消灭的西辽地区征伐来的军队在内，为数不多。但他们兵锋所及中亚许多城镇先后被攻占，但蒙古军队的消耗也十分严重，为使军队的人数不减少，所以，每当占领一城，成吉思汗都要将大量的当地人强迫编入军队充实力量，同时，还征集大量当地壮丁，将其编入单独的部队，称为"签军"，由蒙古人统率协同蒙古军队作战。成吉思汗在中亚征集最多的还是当地的各种工匠和有技艺的人。据史书记载，当时的回回签军和工匠已达20多万人。成吉思汗把他们分编成营，有的被遣送内地，为蒙古人服劳役，有的被收编入军，有的随军制造兵器，还有的强迫为奴。后来这些人中的大部分到了中国内地，有不少人到达今甘肃东乡一带。

　　1227年，成吉思汗在征服西夏过程中，三月占领了河州，当

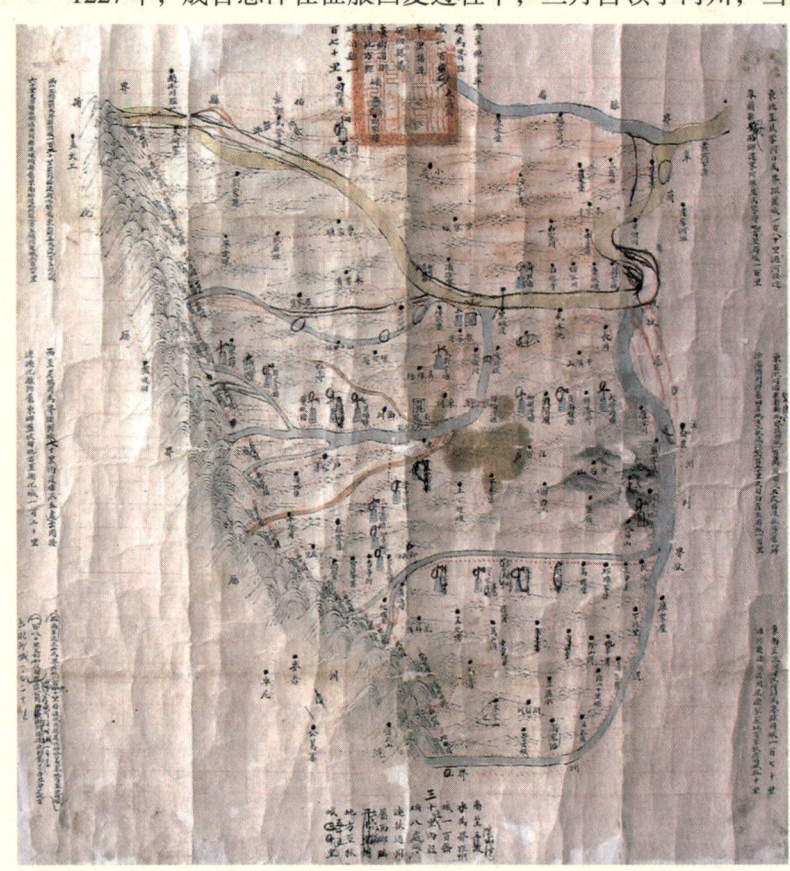

河州二十四关图

◀ 唐汪川春色

时这一带正是东乡族先民活动的地方。征服者所到之处，都建立了管理驿马事务的站赤制度，称为"扎木赤"，而在东乡濒临黄河的一带，确曾叫"扎木赤"，20世纪50年代初，叫作扎木赤村。当时在东乡地区境内曾设过许多驿站，每一驿站有驿马20匹，马夫20名，根据蒙古"札萨克"（官职制度）的习惯，当官的都是蒙古人，驿马牛羊的"兀阿拉臣"（放牧者）是被强征来服劳役的萨尔塔人。

成吉思汗曾把在征服中亚各地时掳掠而来的萨尔塔工匠，编成探马赤军，战时让其参战，平时放牧屯垦。这些萨尔塔人中有军械匠、钉马掌、做马鞍的匠人、水手、炮手，也有商人、贵族和传教士。他们从事戍边、屯垦，看守仓库、织毡、冶铁、造炮、制革。征服者在自己的领地内把萨尔塔人的各类工匠分别集中到一个地方居住，并且根据分工，给他们居住的村庄安排村名。至今东乡族的许多村庄，仍然保留着以工匠的工种命名的村名，如东乡的"免古池"乡，是银匠的意思；"阿娄赤"村，是编织匠的意思；"托木赤"村，是铁匠的意思；"陶茂赤"，意为制革匠。东乡地区的"他木赤"地名，是"探马赤"的转音。在东乡地名中还有"巴苏赤""沙黑池""达鲁花赤"，都是镇守着的意思，所不同的是"巴苏赤"是突厥语、"达鲁花"是蒙古语、"沙黑池"是波斯语。由此说明，东乡当时是探马赤军屯守的地区。由于东乡三面环水，中部高山耸起，西有河州重镇，北有"扎木赤"驿站，也可说是咽喉之地，成为探马赤军的屯垦所在，则不足为奇。另外还有"屯田""民地""新屯地"等许多遗留下来的地名。

许多地名和遗迹以及民间的口碑资料、传说故事，均表明700多年前的东乡，是块水草丰盛、丛林茂密的地方。但是，后来由于战乱频繁，乱垦滥伐，放火烧山等无度毁坏，才造成后来的荒山秃岭，而当时开拓垦伐这块土地的，就是探马赤军里的大量萨尔塔人。

总之，东乡族是成吉思汗或其后继者西征时俘获和征集的中亚、西亚一带的穆斯林萨尔塔人，他们随着蒙古军队驻屯河州东乡地区，后被"编民入社"，娶了妻室，繁衍生息。其后他们通过通婚和宗教信仰，逐渐融合了当地的蒙古族、汉族而形成了一个新的民族共同体。他们勤劳勇敢，世世代代开拓了祖国的这一方土地。

话说东乡

元末明初，河州许多地方，包括整个东乡地区，是元、明朝廷实行屯田之地。明初在河州地区设立的屯寨，主要有6所，每所10屯寨，共60屯寨。其中分布在东乡地区的屯寨主要有锁南坝寨、红崖子寨、喇嘛川寨、三条沟寨、梨子山寨等。这些屯寨的住户虽说是老百姓，并不向当地政府交租纳税，承担差役，实际上是一种"土民"。到了洪武中期，随着千户百户等土官势力的衰弱，为了加强中央集权和便于明朝政府直接征调赋税，在河州地区实行了里甲制度。当时整个河州地区，除了保留一些屯寨之外，共设立了45个里。以后因农民大量迁徙流散，人丁减少，于1526年又减为31个里，东乡地区当时设了9里，即麻失里（州东15公里）、梨子里（州东30公里）、黑水里（州东10公里）、哈拉里（州东25公里）、信贴里（州东州东45公里）、鸭儿里（州东20公里）、结合里（州东40公里）、拉麻里（州东10公里）、打柴里（州东45公里）。归里管辖的民户，属民籍，要向地方政府缴纳粮草赋税，负担徭役，以后地方政府为了增加收入，也尽力减少屯寨的"土民"数量，使他们成为直接向地方政府缴纳粮草赋税的"民户"。洪武年间后期,明朝地方政府强令东乡地区的康、杨、李三姓屯民"编入民籍完粮",也就是把这些屯寨改变为里甲,到了明代后期东乡地区也就只有里甲而无屯寨了。

◀ 东乡雪景

明朝,东乡族人民主要从事农业生产,但畜牧业也占有主要的地位。长期以来,东乡族的许多生活用品的原料都与畜牧业有关。如被褥大多用羊毛制成的褐子为里面,内装有羊毛,衣裳、裤子也用褐子缝制。至今东乡族地区许多地名仍保留着当年畜牧业生产的痕迹,如"郭尼光"为"羊"沟之意,"赋格光"为"牛"沟之意,还有"马场""卧驼光"等地名。除了牛羊以外,养马业也有相当规模,1372年后,明朝在河州设立茶马司,每年运来大量川、陕等省区的茶叶,与西北边疆地区的各少数民族交换马匹。进行茶马交易的主要对象,是河州西南、西北的藏族、蒙古族部落,但由于茶马司设立在河州。因此,河州地区的少数民族,特别是东乡族也成为茶马交易的积极参与者。茶马司的设立,就明朝政府来说,主要是为了补充军队的战马和作为安定、控制少数民族的一种措施。但此举所交换的是日常生活必需品,正常的茶马交易为东乡族人民的畜牧业打开了较稳定的出路,因此,茶马司的设立,不仅安定了生活,也促进了农牧业生产的发展。此外,明朝官办的茶马交易是一种定时、定点、定额的交易,很难满足东乡族及其他各少数民族人民的需要,因此,当时许多汉族商人大量私运茶叶及其他日常生活用品进入河州进行交易,这也促进了东乡族与邻近汉族之间的交往和联系。

锁南坝丹霞地貌

当时东乡地区与汉族地区的交往，主要是通过黄河、洮河进行的。据文献记载，嘉靖年间在东乡梨子里山下的洮河上设有渡口一处，设渡船一只，船夫四名，专门渡送西来东往的行人、商贾、贩夫，这对促进和加强东乡族人民与黄河以北、洮河以东的汉族人民的交往起了重要作用。到了明代后期，由于地方吏治十分腐败，渡口的渡船修葺更换无人过问，官渡完全停顿，但是行商来往仍需渡船，于是出现了许多东乡族的渡工，专门在黄河、洮河上摆渡。当时摆渡的工具主要是羊皮筏子或牛皮筏子。康熙年间任河州知府的王全臣曾有一首诗描写当时东乡渡口的情景：

回车渡黄河，河干日已仄。
迢迢济川人，狂趋纷喘息。
彼此混喧哗，礼法固不知。
须臾裸其体，鼓舞贯牛革。
革中气上充，束之以薇缠。
三五联为筏，置之河之侧。
扶掖蹬其上，飘忽意得得。
仓促发中流，荡漾轻若翼。
高不任狂波，惊悸为失色。
涉险思覆危，是我心中恻。
利济为作舟，稗民免不测。

从这首诗中可以看出，东乡族人迫于生活环境，以牛羊皮化为舟楫，敢于和勇于在大风大浪里从事这种十分危险的职业，同时也表现出了东乡族人强悍勇敢的民族性格。

在清代两百多年的统治下，东乡族人民一直处于十分艰难的生活条件之中，而且每况愈下，特别是1892年的大饥荒，一升青稞售价为120个麻钱，较平时猛涨四五倍（常价20~30个麻钱），东乡族大批逃亡外地，其中尤以今和政、康乐、临夏以及新疆地区的人为多。逃难的人多以苜蓿、树皮充饥，由于长期吃苜蓿，腹胀而死者不计其数。外逃和大量的死亡，使东乡地区的农业劳动力大量丧失，这使东乡地区经济趋向衰落。

鸦片战争以后，帝国主义从清朝手中获得了各种特权和大量赔款，外国商品充斥各地，手工业纷纷破产，社会生产遭到极大破坏。清朝政府为了维持他们的腐朽统治，越发加紧了对人民的压榨。在西北地区，因为地方穷苦，盘剥更为严重，咸丰末年，甘肃已开办绅捐、民捐、房捐、租捐、田亩捐等，东乡族人民的生活愈加暗无天日。

辛亥革命推翻了清王朝的统治以后，军阀混战的局面接连不断，人民的负担更加沉重，东乡地区先后落入回族马家军阀和国民党直接统治之下，东乡族人民不堪重负，农村破产，农牧业停滞，经济衰退。

为了获得生存的权利，东乡族人民从来没有停止过反抗斗争，其中规模较大的有1647年，东乡族人民积极参加回族米剌印、丁国栋领导的反清起义；1781年，参加以苏四十三为首的撒拉族、回族人民联合反清斗争；1862年，东乡族人民率先爆发了反清起义，历时11年，给清政府很大的打击；1896年，东乡族又爆发以闵伏英为首的反清起义；1928在东乡又掀起反抗国民军的暴动；1943年夏，成千上万的东乡族农民投身到甘肃南部20余县各族人民联合反抗国民党黑暗统治的大暴动。东乡族人民不屈不挠的反抗精神，一次次遭到残酷的镇压和摧残。"一唱雄鸡天下白"，1949年8月23日，在中国共产党的领导下，东乡族人民才与全国各族人民一道，翻身解放，迎来了一个焕然一新的时代，开始了历史的新纪元。

新中国建立以后，东乡族人民实行了民族区域自治，在党的民族政策的光辉照耀下，东乡族地区的政治、经济、文化、教育、卫生等各项事业有了巨大的变化，在社会主义建设时期的每一个前进里程中都留下了自己坚实的印迹。

第二章
勤劳坚韧的民族性格

在党的民族政策指导下，东乡族的家园正发生着翻天覆地的变化，山乡新貌展现着东乡族对新生活的渴望和追求。"东乡铁军"的执着，谱写了青藏高原新的诗篇。崇文兴教，是东乡族的优良传统，使得东乡族人才辈出。

卜楞沟村

春水清流泽荒山

忆昔,说起东乡的崇山峻岭,一句俗语尽可概括殆尽:老羊皮拉山不沾草。十年九旱,山上光秃秃的,自然条件恶劣,境内荒山秃岭,恶沟纵横,到处呈现出一片萧条荒凉的景象,可称得上是"不毛之地"。久旱之地盼云霓,干旱之乡的人盼雨水,只要有水,就有希望,因为水的润泽,有多少崭新的事业,正在改变昔日干旱的村庄,随着一批批重点项目的实施,东乡族人怀着对水的无限渴盼和憧憬,许多引水工程项目付诸实施,并且一步步变成现实。

新中国成立以来,在党的民族政策的光辉照耀下,东乡族人心灵手巧建家园,山乡巨变展新貌。如今人们一踏进东乡境内,放眼望去,一层层碧绿的梯田,沿着巍峨的山势,直插云霄;一片片缀满珠玑般的水果,披坡挂岭;一个个新村丽寨,在山环水

果园乡王家水库

抱中，充满着勃勃生机；一条条春水清流，唱着欢歌，吟诵着东乡族人心中的喜悦。

太行山中有个红旗渠，东乡大山里有个南阳渠。说起南阳渠，东乡族人的话题可就多了。东乡南阳渠灌溉工程初建于1958年，第一期于1958年2月开工，年底竣工，开挖斗支渠18条，长119公里，各类建筑物108座，安装斗门23个。1959年试通水，渠水仅从和政县牙塘水库勉强流到东乡县境内。第二期工程1960年开工后，遇三年自然灾害被迫停工。1995年，在党中央、国务院有关领导的亲切关怀下，南阳渠再度开工建设，称"南阳渠灌溉工程"，工程主要建设有：可蓄水1 920万立方米的牙塘水库，总干渠1条，长56 667米，单洞最长7 994米，渡槽8座，长4 200米，其余大多为明渠；干渠4条，长38 690米，支渠14条，长159 000米。工程总投资约5.5亿元，其中牙塘水库及总干渠工程总投资3.7亿元，干支渠工程投资为1.29亿元，田间配套工程投资为5 030万元，水土保持工程投资为424万元。工程设计灌溉面积12.2万亩，包括和政县、临夏县部分受益区，其中东乡族自治县10.6万亩。2004年7月，南阳渠灌溉工程正式通水。这项水利工程有力地缓解了东乡族地区的旱情，确保了当地农作物的丰收。

小太阳城里耀新辉

从2011年3月2日至今，在历史长河中只是短暂的一瞬。但

建设中的东乡族自治县新县城

米拉尕黑

是,东乡县城锁南坝,跨过了一个时代,恍若隔世,一个功能齐全、具有浓郁的民族风情的新县城矗立在东乡山腹中心的山巅上。2013年12月1日,东乡县城灾后重建项目竣工。

如今满目疮痍的锁南坝,随着46个重建项目的建成,变得风景如画、别具一格。走进东乡新县城,从山下西南向东北,首先扑入眼帘的是凤凰公园、商业街景观护坡、市民广场、体育场等建筑,这些建筑与一座座楼房交相辉映,蔚为壮观。行走在东乡新城里,无论是楼群、公园,还是大街小巷,每一个建筑都好像在讲述着一段东乡族动人的故事。

高原上的东乡"铁军"

东乡族人以勤劳勇敢、吃苦耐劳著称于世,敢于闯荡天下,行走四方讨生活。无论是沿海发达的一线城市,还是白雪皑皑的青藏高原,地不长草、天无飞鸟的大漠戈壁,都能看到东乡族人闯荡天下的影子。青藏铁路建设大军中的东乡铁军就是典型一例。2011年,举世瞩目的青藏高原铁路终于开工了,诚如歌中所唱"那是一条神奇的天路",是新中国50多年来数代人修筑进藏铁路的梦想在几经沉浮后,终于成为震惊宇环的现实。

> **知识链接** **青藏铁路** 青藏铁路是世界上海拔最高、里程最长、克服了世界级困难的高原铁路。大部分线路处于高海拔地区和"无人区",要克服多年冻土、高原缺氧、生态脆弱、天气恶劣四大难题,其中海拔4 000米以上的路段960公里,多年冻土地段550公里。

青藏铁路的三项世界之最工程:三岔河大桥——号称青藏高原铁路第一高桥;唐古拉山火车站——号称青藏铁路全线海拔最高、施工难度最大、自然条件最差、建设任务最重的工程;风火山隧道——号称世界上最高的高原冻土隧道,有"世界第一高隧"之称。这三项举世瞩目的宏伟工程中东乡族人的身影随处可见,在这三项工程边矗立的石碑上见证并记载着挑战生命极限的"东乡铁军"精神。

翻越唐古拉山的铁路最高点海拔5 072米,是全球海拔最高和最长的高原铁路。一些来自内地的建设者由于忍受不了剧烈的高原反应,纷纷打道回府,工程进展面临着严重的挑战,成了无人问津的最大难题。就在指挥部为此焦虑不安的时候,500多名来自大山深处的东乡族汉子在队长马进元的带领下,踩着滚烫

劳务人员整装待发

的沙砾,来到了工程指挥部。他们主动要求到最艰苦的唐古拉山段承包工程。工程指挥部的领导看到东乡人坚毅的神情,感动地说:"那是一段最艰苦的工程,也是最重要的工程。我相信你们,希望你们战胜高原反应,和我们一起为青藏高原的藏区人民做出贡献。"共同的事业,使"天路"的筑路工们的手紧紧握在了一起。

唐古拉山口集风、霜、雪、雹、冻五种恶劣气候,每走一段路,便是一种挑战,500多名东乡族汉子第二天就程度不同地出

"东乡铁军"名扬青藏线

现头疼欲裂、呼吸困难和剧烈呕吐的高原反应,白天无法正常行走,夜晚更是难以入眠。东乡族建设者们硬是拼着山里人特有的一股韧劲和吃苦精神,在雪域高原站住了脚,开始了与冰雪搏斗的修路生涯。

随着铁路的一天天延伸,东乡族人吃苦耐劳、坚守诚信的品质给工程指挥部留下深刻的印象,他们不断地把新的工程承包给东乡族工程队。为了更多的东乡族人走出大山,用勤劳摆脱贫困,乡亲们说信带话,很快,大批的东乡族青壮年从大山深处被召唤来,到青藏线上修筑天路,他们挖冻土、炸石山、垒石块、浇水泥,苦战在最艰险的工程地段,他们用生命铺就的天路向茫茫雪域延伸。一些正值青春年华的东乡族汉子永远把民族团结的信念融进了纯净的雪山里。

为有牺牲多壮志。东乡族建设者的奉献精神,不仅赢得了声誉，也闯出了脱贫致富的一条路子。根据工种、技术的不同，在劳务输出最多的考勒乡、龙泉乡、大树乡等地，许多民工回来以后盖起了新房，购置了各种电器，生活发生了质的变化。外面的世界很精彩，他们中的许多人，已经走出封闭的大山，用自己勤劳的双手和诚实守信的品德，正在小康之路上迈步疾进。

第三章
宗教信仰与
宗教习俗

　　东乡族信仰伊斯兰教，在其民族形成过程中起到过重要作用。伊斯兰教在东乡族中分为老教、新教、新兴教。

宗教信仰

东乡族信仰伊斯兰教。伊斯兰教不仅在东乡族的形成过程中起过重要的作用,而且对东乡族的历史发展、风俗习惯和文化生活都具有很大的影响。

教派及其特点

在东乡族中,伊斯兰教通常分为三大派系:老教、新教、新兴教。

老教分为四大派系:哲赫林也、虎菲也、库不林也、嘎底林也。各大派系又分出若干小支系。西北地区,习惯上把伊斯兰教的这种老教派派系称作"门宦"。"门宦"属于伊斯兰教中的神秘

梯田的音符
▼

派,在国外称为"苏菲"(阿拉伯语),在我国新疆称为"依禅"(波斯语),在甘肃、宁夏、青海一带亦称为"门宦"。据说这个词是由"门第""门阀"和"官宦"等词义转化而来的。东乡族信奉老教(门宦)的人数最多。共有9个门宦,即胡门、白庄、华寺、大拱北、张门、穆夫提、沙沟、海门、风门。据1957年不完全统计,仅东乡族自治县老教(门宦)的信徒就有12 785户,77 166人,约占当时东乡族人口的67%以上。

新教信徒分布也较广。

新兴教是解放初期产生的,信徒较少,有1 000~2 000人。

在东乡族中,各教派门宦都有虔诚的信徒。老教(门宦)传教已有300多年的历史。自清代以来,随着甘肃、宁夏、青海地区伊斯兰教门宦的不断兴起,对一些伊斯兰教教旨、教义,《古兰经》念诵法及基本祭典的解释有了分歧和区别,并各持己见,因而各教派(门宦)之间的排他性也日趋明显。特别是清末以来,"新教"兴起之后,各教派之间,特别是新、老教派之间,界限分明,构成了各自迥然有别的明显特点。

老教各门宦都有自己的拱北,有的甚至有好几个、几十个拱北。信徒除了做《古兰经》规定的五桩天命(念、礼、斋、课、朝)而外,老教门宦的教徒还要切切遵循自己"伍苏达德"(老师之意,一般指教主)传授的嘱咐,做"阿麦利"(本教派的宗教活动)。每个老教门宦除信奉《古兰经》而外,还有自己特有的经律,信徒也须遵行不悖。其实,各门宦自己的经律,一般是自己门宦教主对《古兰经》《圣训》等经律的解释和见解。

> **知识链接** 各门宦都有自己的教主,又被称为"老人家",教主的地位由创始人的嫡系世袭,有的门宦也不是世袭的,传给贤徒或者由教徒们举贤。

各门宦的拱北,是各门宦宗教活动的中心。几代教主可以有一个拱北,也可各有各的拱北。每个拱北除了大圣纪(穆罕默德逝世纪念日)以外,尚有本教派创始人生、亡纪念日和其他节庆日举行的宗教祭典活动,并由该门宦的教民奉献"哈吉牙"(施舍的财物供养)。老教和新教各有自己的清真寺,教民

▲ 秋天的场院

只参加本教派清真寺的活动。新教（伊赫瓦尼）的教民一般都与本教派的教徒结婚，伊赫瓦尼的教民对五桩天命和每天的5次礼拜（晨礼、晌礼、晡礼、昏礼、宵礼）抓得很紧，不准息迟，各教派举行宗教祭典活动时宰的牛羊，都由本教派自己的阿訇献祭。

老教有门宦、拱北和教主，新教则没有门宦、拱北和教主。

老教的"主麻日"（礼拜五聚礼日）在任何清真寺都可以做，新教则认为非在中心地区的大寺不可。

老教阿訇在教民中进行宗教活动时，先念《古兰经》，而后吃饭，也可以接受"哈吉牙"（教徒施舍的钱财）。新教阿訇念了经就不能吃饭，吃了饭就不能念经，并且不能接受"哈吉牙"。

老教做了"乃玛孜"（礼拜）以后要念"苏来"（《古兰经》的章节），而新教仅作"班达"（晨礼）和"火伏担"（宵礼）后才准念"苏来"。

新教对天课五拾勒、非堤勒、则卡提（宗教规定的税捐）看得很重；老教注重念经、"哈吉牙"。

新兴教（色勒夫，俗称三抬）礼拜时要抬手三次（新教、老教只抬一次），教徒留长发，而老教和新教均不留长发。

新中国成立以前，各教派之间因各持己见而引起严重的对立情绪，特别是新教（伊赫瓦尼）和老教（哲赫林也、虎菲也、库不林也、嘎底林也四大教派）之间纷争不断，甚至发展到大动干戈和互不通婚的地步。新中国成立以后，在党的民族政策的光辉照耀和宗教信仰自由政策的感召下，东乡族各教派之间各行其是，互不干涉，互相尊重。

清真寺与"哲玛其"

在东乡族聚居区到处可以看到高高耸立的清真寺，遍布各个村庄。在东乡几乎每个村庄都有清真寺，甚至一个村子里能有好几个。全县共有清真寺532处，其中新教寺院较多。在过去，它是东乡族寄托精神生活，以及政治、经济、文化生活的公共场所和活动中心。新教清真寺是教民做礼拜和给儿童教经的地方。新教清真寺有大、小两种，大寺管辖数十个小寺，并有数量较多的满拉，将这种中心寺称之为"韩英寺"。老教的清真寺则属于一定的门宦。但其他门宦的教民也可以转到该寺礼拜。过去，一般的清真寺和拱北都有土地，同时还有供阿訇骑用的牲畜骡、马。

> **知识链接** **哲玛其** 汉译为教坊，以清真寺为中心，将周围的教民组成地区性的宗教单位。

"哲玛其"对团结本属成员有着巨大的内聚作用和强烈的向心力。它的地区范围和包括的人数不尽一致，大的"哲玛其"有数百户，包括几个，乃至十几个村庄；小的"哲玛其"数十户，只含一个村庄。"哲玛其"的头领通常叫乡老，一般由大家推选产生。乡老除了为清真寺的分派、收集钱、粮等东西以外，还可以在各村、各家族乃至家庭中调解各种纠纷，充当典卖土地房屋的契约公证人等。

"哲玛其"和清真寺的宗教职务有：

阿訇 清真寺主要的宗教职业者。主持寺内的教务，给满拉教经，为本"哲玛其"的信徒举行婚丧嫁娶的礼仪活动。如念"尼卡"（证婚经）作青年男女的证婚人；举行"之拿则"（葬礼）主持送葬殡仪等。

阿訇 ▶

> **知识链接** **阿訇** 阿訇分为三种：大阿訇，又叫开学阿訇，具有很高的伊斯兰教知识，具有较高的阿拉伯文和波斯文知识，经文程度高，在教民中有较高的威望；掌学阿訇，是开学阿訇的助手，帮助开学阿訇主持清真寺的各项事务，讲经、教学，有较高的经文程度；二阿訇，又叫小阿訇，仅能讲一般的经文和初级经文课本，给"哲玛其"的小孩子讲宗教启蒙知识。

开学阿訇、掌学阿訇和小阿訇都是应"哲玛其"教民充分协商后招聘而来的。在招聘期内，开学阿訇便是一寺之主，掌握清真寺教权，并可以选任和指使掌学和二阿訇。无论开学阿訇、掌学阿訇和小阿訇，因各种原因得不到"哲玛其"大多数教民的拥戴，便可自动辞职，"哲玛其"也可以随时解聘他们。开学阿訇、掌学阿訇和二阿訇等人员的生活费用和部分家庭生活费均由本"哲玛其"的群众负担。

学董 ▶

乡老 ▶

学董 "哲玛其"的教民们推举出来的，专门管理清真寺财务以及群众的"伍拾勒"（宗教捐助）等事务的人。学董必须是选举产生，一般由德高望重者担任，他有权召集本"哲玛其"的群众会议，商议选聘阿訇，从事宗教祭典活动，修葺清真寺等其他重要事务，并具体负责掌管财务。一般是没有报酬的。

乡老 地位仅次于学董。他协助学董管理寺务和"哲玛其"内其他事务，类似办事员之类。乡老也是本

"哲玛其"群众选举产生的，所不同的是，一个哲玛其和清真寺，学董只推选一个人，乡老则可以推选多人。

满拉 满拉是向阿訇学习经文的学生。满拉分大满拉和小满拉两种，大满拉通常指具有10年左右学历的年龄较大者，他们一般脱离家庭，由清真寺供养其生活和学费。在自己家里食宿，学历较浅者叫小满拉（刚入寺念经的儿童不在其内）。大满拉学完全部伊斯兰教知识，包括《古兰经》的讲诵，"絮勒夫""白亚尼"（阿拉伯语和波斯语的修辞和语法知识）、"尕最"（伊斯兰法学知识）、"百提"（宗教诗词知识）等规定的课程以后，始可结业。

◀ 满拉

> **知识链接** 结业仪式非常隆重。清真寺要举行"穿衣"仪式，"哲玛其"的群众均来参加祝贺。在开学阿訇主持下，结业的满拉穿上一件绿色的长袍子。从此以后，满拉便有了阿訇的资格，可以应聘和保举担任阿訇。

满拉的数量和质量，直接影响着一个教派的发展，所以清真寺都很注重培养满拉。

宗教习俗

沐浴

东乡族是一个爱整洁，讲卫生的民族。保持手、脸乃至整个躯体的洁净，是东乡族人的一种习俗。俗有"阿布得斯，是人身上的甲胄"的俚言。阿布得斯，指沐浴，有大净与小净之分。小净每天都洗，保持口腔、鼻孔、耳朵、脸和手脚的干净。洗小净常用的是"塘瓶"，罐满冷水后经常煨在炕洞里，随洗随煨，所以说"塘

◀ 洗小净用的塘瓶

瓶"是家家户户的日常用品。

洗小净的程序是：先洗3次手、净下3次（洗阴部）、漱口3次、呛鼻3次、洗3次脸，尔后洗左右肘3次，然后用净水抹头、洗耳，最后洗脚，洗过的污水不能滴入塘瓶内。洗小净时须坐在矮凳或是蹲在阶沿上，净下要回避。

大净一般一周洗一次，洗大净多用吊桶。洗大净前先要洗小净，尔后从右到左，从上到下依次淋洗，这样洗3次，然后用洁净的毛巾擦干净。

夫妻房事或梦遗、梦中合欢，必须在清晨前洗大净。未婚的少男少女一般40天洗一次大净。

由此可见，沐浴是东乡族日常生活中不可缺少的，每逢开斋节、古尔邦节、送葬都要洗大净。在干旱缺水的东乡，水贵如油，生人登门，要求换水洗大、小净，即便是素不相识的过路人，也不能谢绝。

生育

婴儿出生以后，在尚未吃奶以前将阿訇请来给孩子取名字。阿訇不进产房，由家人将婴儿抱出产房，阿訇念《古兰经》，然后从《古兰经》中选取名字。念经时先出现哪一位圣人的名字，就以这个圣人的名字命名。这些名字，男的多以穆罕默德、艾布伯克、伍麦勒、阿利尔撒、木撒、撒尔东、哈米东、麦芝东、尤素夫、舍勒夫、阿布都、苏里麻乃、热者布、哈如尼、胡塞尼、然巴尼、舍木苏、哈比布、赛以德、马立克、伊斯麻尔利、伊布拉黑麦、伍德、麦赛尔德、牙古白、伊得里斯、温吉尼等40多个名字命名；女的则多以阿依舍、法土麦、哈芝茹、艾米乃、如给也、荷菲也、库丽苏姆、特丽哈、祖丽哈、热米也、索菲娅、白给也、则乃白、赛力麦、麦勒燕、职西也、茹茹、祖布黛等命名。

东乡族常把四个字的名字拆开来称呼，如伊斯麻尔利，拆开来称作"伊斯麻"或是"麻尔利"；女孩儿如生在礼拜五"朱麻"日，则取名"朱麻姐"，如生在礼拜四"排山拜"日，则取名排山姐。父母亲若对女孩特别宠爱，则在名字后面加上"果"字，如麦勒果、阿英果、朱麻果、则乃果、排山果、拿果等，一经被邻人叫惯了，便不再改动。

请阿訇起完名字以后，须请阿訇吃饭，撒"哈吉雅"（钱），以示感谢。

过去的东乡族将女人生育视为污秽之事。女人生孩子，怕人知道，只在屋子里倒上一堆土，生在土上或在牲口圈中。产后妇女也不能很好休息，三两天后即下炕做活，因此，产妇患病的很多，婴儿死亡率很高。孕妇生产时，助产的一般是家里年长的女性和女邻舍。胎衣、脐带要洗干净后，挖个深坑埋掉。而且禁男人进入生育坐月子的房间。女人生产以后，一般要由夫婿或是小叔子到娘家通报生育消息，娘家的母亲即来探亲。探亲的时候，须带仲卜拉、白面馍馍、油香等礼物。探视产妇，称之为"看月子"，要给产妇和婴儿各送一套衣物。

割礼

按照东乡族人的习俗，男孩子在12岁或13岁时要举行割礼。"割礼"，穆斯林称之为"逊奈"，是人生之途上必不可少的一项"圣行"。所以，东乡族相当重视割礼。

孩子的父亲先要定好日子，请清真寺的阿訇和亲友。割礼当天，一清早，孩子的父母就忙着迎接客人，宰羊、宰鸡、炸油饼。掌礼人多是清真寺的阿訇，也有熟读《古兰经》的长者。

割礼开始时，受礼的孩子经过沐浴以后坐在掌礼人的面前。掌礼人念过一段《古兰经》章节，并默诵赞颂先知的经文，而后用温存的语言百般安慰受礼的孩子，稳住孩子不致产生紧张情绪，尔后，掌礼人迅速在孩子的阴茎包皮上划一道口子。

割礼用具，就是一把锋利的剃头刀，消炎止血的，则是棉花烧成的烫灰。掌礼人动刀的时候，站在旁边的家长立即点燃棉花，将烫灰洒在切口上，这样，血涌出来时，就可被吸入灰内。之后将孩子安置在一间小屋子里，静静躺下，不让腿乱动，以防擦痛受伤的包皮。手术过后，便以茶饭款待客人，还要给掌礼人一点"哈吉雅"（酬劳费）。

在清真寺念经的小满拉们，割礼多在寺内举行。择定日子，同一天给许多满拉一起举行割礼。割礼后不让受礼人吃"发物"（即葱蒜、韭菜、羊肉等），以防发炎。割礼过后，便象征着受礼的人已步入青年的行列，方可以娶亲结婚。

▲ 宴席

现在,在东乡族民间,割礼习俗并不盛行,也并非完全绝迹。割礼时,也不请客,私下悄悄举行。成年人,可到医院里去动手术。

禁忌

东乡族民间禁忌中强烈地渗透着伊斯兰教宗教文化意识。从现象来看,这些民间禁忌具有约束人们的行为,维持社会稳定等功能,而从起源上看,它反映了这个民族对真主无比崇敬与恐惧的心理意识。

东乡族食牛、羊、鸡肉,须经阿訇或年长的穆斯林屠宰。宰者带"阿布德斯",即经大小净沐浴,否则禁食。宰了的牛、羊、骆驼的阳具须割去扔掉,绝对禁食。禁食自死之物及一切猛兽之肉;禁食猪、马、驴、骡、狗、猫肉和一切动物之血。忌用非穆斯林人的灶具。宰食的牛、羊、鸡,只可言宰,不可言杀。

每年的斋月只吃两餐，两餐都在夜里，白天滴水不进，头一餐叫"萨哈勒"，一般在鸡叫头遍，就已进餐；第二餐在日落西山以后，两餐都不见太阳。无论平时或是斋月，每顿饭进餐时，先由长辈搭口以后，全家人才能进餐；长辈或是家长不按时归家就餐，全家人须等他，虽饥肠辘辘也不得先于长辈就餐。厨房里忙锅灶的妇女，即便是掌勺炒菜，也不能因盐咸盐淡先试口味。

东乡族人对客人非常殷勤、尊重。当客人到家时，立即请到炕上首位坐下（女客可不脱鞋），以家中最好的茶饭招待。家境好者亦用油香、手抓羊肉、鸡待客。男宾由男主人招待，妇女一概避而不出。男主人陪男客时，一般是站在桌旁给端饭添茶，自己不坐也不吃，以表示尊敬。女客则由女主人端饭添茶，女客可以与客人同坐同吃，女主人也不与男客会面，客人也不能进灶房，不许自己动手从缸或窖内舀水。

知识链接 东乡族对用水非常讲究，忌在饮用水和沐浴的水泉边、溪水边洗衣服、洗物、饮畜；禁非穆斯林人入灶房缸内舀水，到井中汲水或倒水。

老人做礼拜、起居的堂屋忌挂人像或动物像。禁烟、酒，可以参观清真寺，但不经允许不得入大殿，如准进殿，则须脱鞋。

禁乱扔废纸，以防在这些纸上写有真主安拉的名字或是《古兰经》片言只语，真主和《古兰经》是神圣的，不能随便扔掉以致随意践踏。

禁抽签算命，卜吉问凶。东乡族认为，真主规定了人的一生将怎样度过，人生是不可能预测的。抽签算命，卜吉问凶不过是骗人的把戏，不能相信，更不能实践。如果相信了，或者去实践了，那么"依玛尼"（宗教信仰）也就有问题了。

另外还有一些禁忌，如禁自杀，禁合法的婚姻形式以外的性行为，禁浪费食物和水，禁男子蓄长发，禁背地谈论别人、说谎等等。这些禁忌体现了强烈的宗教意识。

清真寺与拱北

清真寺

东乡族的宗教建筑大体有两种：清真寺（麦赤）和拱北。清真寺一般建在人口密度较大的市镇或村庄，或是在村民宅舍的中间地带。这是一种"深入生活"的表现，体现了伊斯兰教不但重视后世也重视现世的宗教思想。在聚居处修建清真寺，既有利于信徒就近进行宗教活动，也有利于经常观瞻、激发神圣的宗教感情，同时也说明了清真寺是人们社会生活的中心。

清真寺建筑的布局一般是"三堂合一"，即礼拜堂（大殿）在中间，水堂和经堂在两边。其中礼拜堂的奠基较高，需拾级而上。正对大门，还建有直插云霄的宣礼塔，用来召唤人们做礼拜。这种布局，使宗教观念、宗教感情物化了，变成了可视、可闻、可感的具体形象。当你步入清真寺，就可听到琅琅的诵经

考勒风光
▼

声，洗大小净的哗哗流水声以及宣礼塔上传来高亢、悦耳的"班克"声。大殿的外观建筑有两种，一种是圆拱顶，圆拱顶中高耸起一个小尖顶，上面配有一弯新月，堂皇而高大的中央穹顶和月牙，表现出天宇的肃穆气氛，圆拱顶给人以庄严感，而小尖顶的月牙又给人以向上升腾的动势；另一种是中国传统的宫殿式建筑。大殿的内部简洁、朴实，没有人体和动物题材的雕塑、绘画，象征伊斯兰教不拜偶像，只拜真主的宗教观念。为了方便向西礼拜，大殿的坐向几乎千篇一律，都是坐西朝东。

拱北

拱北的情况又有所不同，拱北是东乡族的老教各教派为其教主修建的陵墓，也是各教派教主传教的地方。著名的张门门宦的拱北——大湾头拱北，坐落在一个半山腰上，层层叠叠，从大门至主体建筑需拾级而上，表达了苏菲派信徒寄托通过教主——圣人，与真主晤见的神秘主义本质。张门门宦的拱北埋葬着十几代教主，墓庐都是砖砌的长方形"拱子"，宽60多厘米，高1.3米左右，下方上圆，墓脊上有的还盖有苫单，拱北内香烟徐徐，气氛肃穆、神秘。除大湾头拱北外，东乡著名的拱北还有北庄拱北、峡口拱北、西岔洞拱北、广河胡门街上拱北、伊哈赤拱北、兰州灵明堂拱北、阿麻洒穆夫提拱北等，这类拱北多为传教中心。

还有一些拱北是建筑在高山、深谷中，大多是亭子形建筑，附带几栋平房。这些地方被认为是上人"卧里"们显留"克拉麦提"（圣迹）的地方，或是他们静修的地方，或是他们静修的地方。此类拱北数量众多，但规模同传教类拱北要少得多。

此外，还有一种类型的拱北，是一个家族的先祖，或有声望的成员去世后，其后代，或敬仰者为他们修建的，此类拱北多比较简陋。

第四章
民俗风情

东乡族特有的民居建筑、宗教建筑,风味饮食,传统服饰,婚俗及丧葬无不反映出东乡族的本质与独特。

栉比鳞次的庄窠

东乡山区，一望无尽的是崇山峻岭。无论是岭巅、山腰，或是沟底，都会看到绿树围绕的村庄里，沿着高低不平的山势，一座座上下左右毗连的庄窠（居住的院落）栉比鳞次，错落有致，给那凝重古朴的黄土地注入一片生机。庄窠多半依山而筑，屋外有3米多高的土墙围住，内有空地，有的四面盖屋，有的三面盖屋，有的朝南朝西向阳面盖横折的两面房，也有的只盖一排房，多为土木结构的两面房。房屋的建筑除了门、窗以及梁檩椽用木制以外，其余都用泥土砌成。

东乡族人盖房打庄窠，一般没有择地看风水的讲究。但受汉族影响，立木时，用红布包梁。盖房打庄窠，除了请少量木匠以外，打墙、泥水活，都由家族邻里和亲戚朋友帮工。先打庄窠墙，尔后盖房，立木上梁的那一天，东家须宰一只羊请帮

山腰上的庄窠
▼

▸ 东乡族现代民居

工的人会餐。上梁时，家庭主妇拿出红布和金银首饰之类（家境贫困者也要放几枚铜圆或麻钱代之），包在大梁上，用几束散麻扎住。之后，不解不取，任其久远。红布包梁仅限于盖上房和大房子。东乡族把房子称作"ge"（格），"富个格"，意大房子，意即上房，是长辈的住房，一般由爷爷、奶奶住。家境富裕者，如若长辈谢世了，一般把长辈住的上房空着，打扫干净接待贵客。

上房一般坐北朝南，3间，里径3米左右，一明两暗，讲究"包沙"。"沙"指屋檐下的台地，两边窗下面的台地都要包进屋里，形成"凹"字形。门窗连接处都镶壁板。一般地说，上房的屋内设备比其他各屋好一些，一般人家在上房炕上铺上新毡，根据各自的经济条件，有的人家铺上新疆地毯或是宁夏的裁绒毯子，有的家庭只铺上一条粗糙的沙毡（拿山羊毛制的毡叫沙毡，沙毡粗糙而又扎人），室内除炕及炕桌之外，有些人家还摆有箱、柜、桌、椅等物，一般家庭只摆三格子面柜，不另置桌椅。

除了长辈住的上房之外，家中其他人住的叫"乔也格"。"乔也格"比上房简陋。以两间为多，家中人口多的则将"乔也格"隔成单间，砌有泥炕。东乡属大西北山区，一年四季都烧暖炕，炕洞都在屋外，烧炕的燃料主要是牛、羊、驴粪，也有利用草屑

第四章　民俗风情　045

东乡族现代民居院落

和枯树叶作添炕燃料的。

厨房设在上房与"乔也格"相连的角落里,与住房分开。厨房除了做饭用之外,一般还可作为洗大净的澡堂。

牛羊圈和厕所多盖在门道的窝角里,有的则放在低矮的拦羊墙围成的小后园里,远离日常起居的卧室。厕所设在屋后,三堵墙围成一个露天的坑,便后盖上白土,有的另砌一小屋做厕所。

> **知识链接** **庆贺新庄窠** 每当打了新庄窠盖了新房子,亲友和邻里村人前来祝贺乔迁之喜,即便是在老庄窠里盖间新房子,也来恭贺。盖的新房子,一般有"真木"和"假木"之分。"真木"房子指梁、檩、椽、门、窗都用松木,"假木"指的是白杨木盖的房子。过去,经济状况好一些的家庭若能盖三间真木房子,房东定要宰羊炸油香,宴请来贺者,前来讨喜的亲友须带一定的礼钱,交给一位长者,或是"哲玛其"的乡老,一同前往。入席以前,先得举行一番"告毕"仪式,"告毕"则是祝贺之类的演讲词。

多种多样的风味饮食

东乡族居住在甘肃中部的干旱山区,耕地主要是山地。粮食作物有小麦、青稞、洋芋、豆子、谷子、苦荞等。所以东乡族的风味食品和日常饮食都离不开这些,下面所介绍的是东乡族的几种风味食品。

烧洋芋

东乡族种植的洋芋淀粉含量高、沙质、味甘,煮、烧、烤、炒都可餐用,尤以冬春二季以炕洞烫灰里烧焐的洋芋为最佳。剥掉一层皮,便呈现出烤成油黄的内质,又脆又沙。每当冬季寒冷的清晨,妇女们便从窑里搅出半背斗洋芋,不洗不摘,焐在炕洞滚烫的土灰里,过一个时辰,便用木棒掏出来放在篮子里,尔后端到堂屋的炕桌上,一家人偎在一起,拿起烫手的烧洋芋,两手交替着,又吹又拍,又说又笑地吃早饭的情景别有情趣。

◀ 烧洋芋

锅塌和琼锅馍

高山峻岭的山坡地上,青稞、大麦的产量略高于其他作物,因此东乡人除洋芋外,青稞、大麦面也是主要食品。青稞面发酵后,做成块状,贴在锅上蒸或烙熟,这种食品东乡族称它为"锅塌"。

◀ 油馃馃

琼锅馍 ▶

琼锅馍的做法是把酵面装在琼锅里，在炕洞里焙熟。

"空苦"

"空苦"是把洋芋切成小块，洗净后煮在锅里，煮的时候撒上几碗青稞面，熟了拿勺背搅匀捣碎，放点酸菜后食用。如果再拌之油辣子和蒜泥、咸菜，也很好吃。

炒面稠汤

冬天，青稞还可以做炒面稠汤。把青稞炒熟后，和上些胡麻，磨成一大口袋炒面，压在缸里，一般早上吃炒面稠汤和干揪炒面，喝茶。青稞如果和在豆子、尕丙豆口磨成的面，叫和田面，酸浆水和田面疙瘩子（擀成的碎饭），则是较惯食用的晚餐。

搅团和米面窝窝

"搅团"比散饭要搅得稠，用筷子可以切成团状，再拌上以油炝的葱花浆水汤中，拌上辣子、蒜泥和韭菜胡萝卜咸菜，可口清爽。有一首"花儿"里唱道："油泼辣子油泼蒜，辣辣地吃了顿搅团"，由此可见一斑。

糖包子 ▶

米面窝窝 也是常用的食品之一。把米面用滚烫的开水搅拌成团块，装在琼锅里，在炕洞里烧熟，带甜味，有时窝窝里还放上甜枣，就更甜了。

吃平伙

东乡族男人们有吃平伙的习俗。吃平伙多在阴雨天和雪天的农闲时节，约上那么十来个情投意合的邻友，看谁家有肥肥的大站羊，就在羊主家里，或是从邻友中另选一个茶饭做得好的人家，把羊宰了，肉一下锅，肥肝肺杂碎剁成碎碎的小块儿，拌上

清油调料，蒸在笼里，吃"平伙"的人就坐在炕上，刮碗子喝茶，吃油饼，肝肺块儿熟了，一人一碗，而后，又在肉汤里揪面片，你想吃多少就吃多少，最后，东家把煮熟的羊捞出来，按羊的全身部位，分别剁成份子，有多少人就剁多少份，每堆里都有羊全身每一部位的肉，一人一堆，等于每个人都吃了全羊。饭饱肉足，东家摊了钱，过后送来，也可拿什物和粮食折价顶替。吃"平伙"，不在于"吃"，而在于"谝"上。当东家的，从头到尾的一道道地，服侍到底，吃平伙的人坐在炕上，大话连天，边吃边聊，确也不乏其乐融融的趣味。据传，这是东乡人的先民们在古代狩猎时，平分猎物的一套路数，流传下来，相沿成习，在东乡各个山庄，经久不衰。

▲ 吃平伙

▲ 平伙羊肉

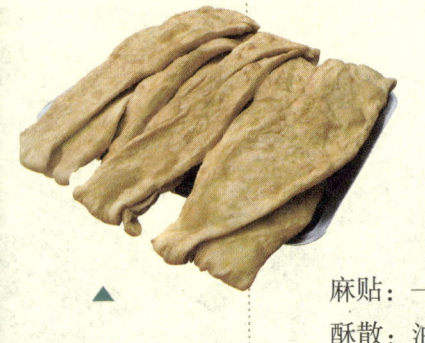

酥散

面食

每逢节庆或婚庆喜宴，东乡族人都较注重面食。东乡人把娶亲吃筵席叫作"gulunija"，直译过来叫吃面食，可见其注重的程度。这些面食品主要有：

油香：油炸的小饼子，中间需切两个小缝。

麻贴：一种笼蒸的油花小馒头。

酥散：油炸的大麻花，有人的胳膊粗细，扭成盘旋状，33厘米见方。食用时掰开分食。

花馃馃：油炸的小宗食品。

馓子：油炸食品，酵面中和上清油，鸡蛋清，尔后像柱面一样，拉成筷子粗细，盘扭成33厘米见方。

酥盘：一种特制的大馒头，一个足有两斤多。

仲卜拉：特大馒头，一般一个大蒸笼里放1~3个，一个有8~9斤重，食用时切成片。蒸制"仲卜拉"，需旺火适碱，稍有不慎，便有蒸哑的危险，因此，蒸"仲卜拉"和油炸馓子、酥馓一样，需请一位"坐锅"的把式。"坐锅"的把式，一般都是善

馓子

炸馓子 ▶

> **知识链接** 东乡人对所有的面食，无论大小，都得掰开吃，不得一拿上就囫囵吞吃。

于烹调的家庭主妇。过去没有钟表，点香计时，一个大"仲卜拉"需点一根半香的时间。妇女们坐月子，若是生个男孩儿，娘家人去看月子，一般也要驮10个"仲卜拉"前去祝贺。开斋节上的油炸食品，一大早，各家各户都要向邻居相互馈赠品尝。

罗婆弱

一种煮囫囵粮食，叫"罗婆弱"。"罗婆弱"一般混煮一些青稞、小麦、豆子或者大豆，多喜用羊头及羊蹄杂碎一齐煮用。羊蹄杂碎，燎掉毛，反复冲洗干净，再放上花椒、青盐，和粮食混煮在一起，讲究要煮熟、煮烂，是可口的美味食品。

三香茶

东乡族爱饮茶，一般每餐必定有茶，多数用盖碗泡茶。过去贫苦农民买不起茶，多用当地土产干草（甜草根，可入药）当茶喝。近30年来，干草代茶的情况不见了，一般喜爱云南春尖茶。探亲访友，礼尚往来，互相带礼物，细茶是必不可少的。儿女定亲，把聘礼也叫茶钱，足见其对饮茶的重视程度。待客饮茶，除了茶叶以外，还在盖碗内放上冰糖、几枚桂圆或是烧枣，俗叫"三香茶"。

◀ 三香茶

吃鸡尖

"鸡尖"是东乡族人待客敬客的象征。用鸡肉待客，则必将鸡尖礼让给主客和年长者食用，否则便是无礼。在宴席上食用鸡肉，客人须按自己身份吃鸡肉，非常讲究。一只鸡剁成13块：鸡尖、两胯子、两大腿、两块勺勺肉、3块叉子肉（白肉）、

吃鸡尖 ▼

4块翅膀，一般长辈吃大块，小辈吃小块，胯子、大腿肉算是大块，东乡族人常说"按辈龄吃鸡肉，错不得的"。

端全羊

东乡人的"端全羊"，不是把煮熟的羊全都端在席上，而是按全羊的部位，脖子、肋条、前腿、尾巴渐次上碟子。一宰下羊，先把肺肝即炒煎后上菜，这叫"客巴布"。"前头的客巴布比后头的肉香"。"端全羊"是大户人家招待贵客的程式。

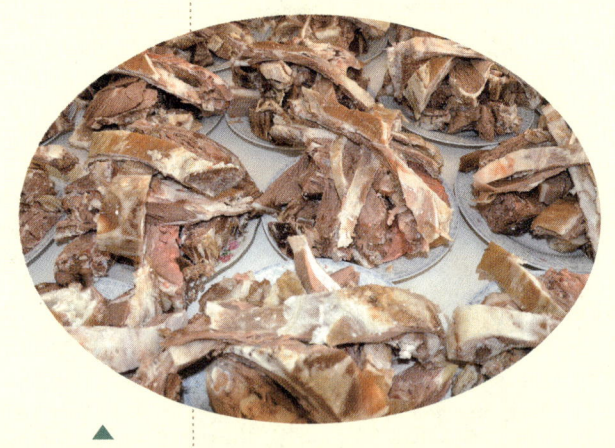

▲ 东乡族手抓羊肉

朴素而多样的服饰

东乡族的服饰是根据性别的不同、年龄的差异、季节的更替而形成的特有服饰。

女子服饰

东乡族妇女的服装颜色单一朴素，多半是用黑色或藏青色的布料制成。青年妇女着红、绿色，上衣齐膝盖，很宽大，大襟开在右边。袖长齐腕，袖口约13厘米许，有的外加一件齐膝的布坎肩。下穿长裤一直拖到脚背，裤管不十分宽大，约23厘米许。冬季穿棉袄、棉裤，式样与单衣同。严寒时节也有穿皮袄的。

结婚时，新娘穿"过美"。"过美"是一种前后开衩的长袍和裙子，上穿镶有假袖的斜襟上衣，有的短衣袖口上，层层摞摞的，缀的假袖很多，以显其富有。新娘子一般穿套裤（西古），有绑腿带子。

东乡族妇女一般都戴盖头，长到腰际，头发全被遮住，只露出脸孔。这种服饰是从民国时期兴起来的。伊斯兰教认为结了婚的妇女，头发是一种羞体，需要遮掩。渐渐地，盖头便成了一种

东乡族女子传统服饰

服饰。盖头分绿、黑、白3种颜色。女孩子在7~8岁开始戴绿盖头，出嫁后改戴黑盖头，有的出嫁生子后改戴黑盖头，上了50岁，或者有了孙子以后改戴白盖头。盖头布料一般多为绸缎、麻货和丝织品。新中国成立以后，随着生活的改善，盖头布料多用"乔其纱"，当地人叫"纱绒"。由于信仰的教派不一，有的妇女在家和外出，都不摘盖头，有的一般在出门时才戴，居家时常戴一顶线织或白丝布缝制的便帽。

东乡族女子传统服饰

过去，东乡族妇女缠足的比较普遍。所穿的袜子都是用黑布缝制而成，鞋子也是以蓝黑色居多。年轻女子多在鞋头绣上一些花朵。早些时期，妇女还喜穿高6.6厘米许的木底黑跟鞋。木底高跟，用黑布包缝后绱在鞋绑上，叫木底子鞋。这种木底子鞋，也可做姑娘出嫁时的嫁妆，做成十几双，带往婆家。10岁左右的女孩子着红衫裤、红鞋的很普遍，鞋头上多绣有花卉。

东乡族传统服饰——坎肩

过去，年轻妇女除了戴银耳环、银手镯以外，头饰、胸饰很少。出嫁的新娘，不仅有头饰，银制簪草头花，五枝形的扇花缎做成的簪草，而且佩戴胸饰、银制的牙签子、银牌。银牌都是圆形的，大的像碟子，小的像银圆。穷人家姑娘出嫁时，没有这些头饰、胸饰，则向富家借用。新娘头一次回娘家，便物归原主。现在，婚礼上新娘则只插几朵绢花。原先的头饰、胸饰已成为陈迹了。

东乡族少女传统服饰

东乡族传统服饰——肚兜(左)、围兜(右)

女孩儿年幼时头发周围剃一圈，中间平分梳两条小辫，8岁开始留发，梳成一条辫子，结婚后挽发髻，戴一白帽，外罩盖头。现在，青年妇女多喜戴高20~23厘米的筒状白帽子，身穿流行的时尚服装，足蹬高跟皮鞋，颇具魅力。

过去的东乡族妇女的服饰，是比较漂亮的，妇女的上衣领圈及大襟，都绣有花卉，袖子宽大，滚上两道边，上面也绣满了花卉；下穿套裤，裤管也滚两道边，后面开衩。逢喜庆大事，则穿"过美"花裙，足蹬木底儿绣花鞋，包头布帽上插上银制头饰，佩戴胸饰，风姿楚楚，袅娜动人。

东乡族老人服饰

男子服饰

男子服装比女性逊色许多。上衣中间开口，一排整齐的布挽的纽扣，领高3厘米，裤齐脚踝，与汉族男子所穿的裤褂无甚分别。寒冷季节，则披上一件羊皮袄，一般不挂面子。羊皮袄分长、短两种，长的与大氅差不多，短的与短褂相似，皮袄都是斜襟。穿短皮袄时，多系一条粗布制的腰带，这样干活轻便自如。

衣裤，除了用黑布缝制外，一般穿褐褂的较为普遍。褐褂，都用东乡族自织的粗布缝制而成。织工精细的新褐

身着东乡族传统服饰的青年

东乡族男子传统服饰

第四章 民俗风情 055

褐褂,可与后来的呢子相媲美。褐褂也分长短。短的一般在日常劳动时所穿,长褐褂则用来走亲访友或是上清真寺做礼拜时穿。直到20世纪五六十年代,还盛行这种褐褂,只不过样式稍稍有变,改成时尚的中山装制服了。

男子喜欢头戴号帽。号帽是一种平顶软帽,有白的,也有黑的,多用布缝制而成,富人家则用绸缎缝制或线织成。平时所穿的袜子是布缝的套袜。鞋是家中自制的布鞋、麻鞋。麻鞋是用晒干的胡麻草编织成的,还有用牛羊皮自制的皮鞋,叫"杭其",鞋掌、鞋绑用一张整块皮子缝制,显得又大又笨,冬天里面填草末,用来暖脚,倒也有趣。只是鞋掌平滑,在寒冰地上,容易打滑。"杭其"旧了,不小心就会滑倒,足见"杭其"之简陋。

过去,男子多喜穿长袍,腰系粗织羊毛的腰带,挂有小刀一把,新中国成立以后,才渐渐改穿短装。

◀ 东乡族传统服饰

"仲白"是东乡族男子喜用的一种礼服。"仲白"的样式，类似维吾尔族的"袷袢"，是一种对开的大衣，暗扣，低领，所不同的是，不用条纹布，一般用黑、灰色的布料缝制。老年、中年、青年，乃至少年都有穿"仲白"的，穿上以后，给人一种庄严朴素的感觉。"仲白"须经常保持洁净，若是不慎被秽物污染，包括人畜的粪、尿、血和酒，哪怕是铜钱大的一滴，也要立即清洗干净，因为"仲白"是在清真寺礼拜五聚礼的礼服。老年人在遇婚嫁丧礼或探亲访友时，也喜穿"仲白"。

男子过去皆不蓄发，一律留胡须。现在一些年轻人也有蓄长发留分头，不留胡须的。

> **知识链接** 东乡族中老年到清真寺做礼拜，一般头上都戴缠巾。这种缠巾叫"台丝达日"，其长度是九个半时（一时是从手指到肘前的长度），"台丝达日"一般是用白纱、黄纱或是白绸、黄绸制成。

第四章 民俗风情 057

传统婚俗

订婚与结婚

东乡族旧时一般实行早婚，子女7~8岁时，父母就替他们做主订婚。如父母早亡，则由亲家伍（家族）叔伯和兄长做主，先由男方请"找赤"（媒人）到女方家说亲，女方应允后，男方就要送"订茶"。

"订茶"一般是几斤细茶和几件衣物。之后便履行正式的订婚手续，叫作"麦赫勒库和"（送彩礼），男家要给女方送银钱、衣物、首饰等。彩礼的多少视家庭经济情况而定，一般要5件衣料，以及耳坠、手镯等一些首饰。据老人们回忆，清代时期的彩礼较少，一般是5串钱，一对毛蓝布，另外再给姑娘和亲家送些彩礼就行了。除此之外，还要给女方的亲家伍专门拿礼。在订婚送聘礼时，男方由父亲、叔伯、"找赤"（媒人）、"米拉库杭"（尕女婿）及陪客一同前往。陪客一般是与尕女婿年龄相仿的堂兄弟。在订婚和结婚时，陪客的礼遇和女婿是一样的，他们到了岳丈家，受了茶礼和各家伍的宴请。进餐之前，先举行"告毕"

东乡族婚礼——送彩礼

仪式，"告毕"是请家伍中的长老，或是推选家伍中能说会道，颇具些口才的一位长辈讲话。"告毕"的内容，一般是祝贺词之类的，反映的社会面较广，通过一些生动的比喻，贴切的说理，言辞优美而娓娓动听。"告毕"的时候，主宾都站着不入席，洗耳恭听，"告毕"结束后才入席。女方家伍中的男女都要来女家帮忙，端茶倒水，并由一位叔伯负责安排，出面招呼客人。

一旦订立婚约，双方家长不能反悔。至于青年男女本人，是没有多少"婚姻自由""恋爱自由"可言的。定亲以后，男方家长在每年斋月派自己的儿子到岳父家，给岳父母开斋。要拿活鸡、茶叶之类的礼物，前去探望岳父、岳母。过去，东乡族妇女婚前不得见外男，这便是男方在婚前唯一有幸能见到未婚妻的机会。当他突然闯进大门，未婚妻猝不及防、藏身不迭的情况下，才能偶然相上一面，否则，直到进了洞房，还不知妻子什么模样。

新娘带嫁妆到夫家。出嫁时，由父亲的亲兄弟或叔伯兄弟陪送新娘，女方的父亲一般不去。新娘还得由一个亲姐妹或是堂姐妹或是姑姑骑驴陪伴前往，东乡语把伴娘叫"苏还赤"。娘家陪送的嫁妆，有被褥、毡条、衣料、首饰和公婆带的礼物，均盛在两个箱子里，由"苏还赤"负责清检、出示，交给婆家及其家伍。

到达婆家后，新娘得由一个叔伯或是哥哥、堂哥从马上或是驴上直接抱起新娘，使她脚不沾地，跨过门槛，抱进洞房，而后，男方先让女方送亲的人们入席上炕。一般，男方宴客较女方隆重。吃完宴席后，将客人分别安置在家伍中歇息一夜，第二天，招待过后方才离去。

姑表亲和姨表亲是可以通婚的。东乡族中有"姑舅亲""两姨亲"的说法。东乡族人如无子，可招赘或收养子，其权利与亲生子相同。但招赘女婿常被村人和亲家伍所看轻，把招赘的女婿称作"短工"。东乡俚言中有"招女婿，耍把戏"的说法，轻视招女婿的观念由此可见一斑。养子称作"乔散可望"，可收家伍、亲戚的子弟为养子，也可收外地乃至汉族的孤儿为养子。"乔散可望"一家得随养父家的姓氏。

寡妇可以再嫁，亦可转房。一般限于同辈的兄弟、堂兄弟之

东乡族婚礼
——挂红

间，但一定得经女方本人的同意。寡妇改嫁，婆婆一般不能干涉。旧社会因妇女地位低下，寡妇不被重视，曾出现过卖寡妇的现象。清代末期，还有抢寡妇的事情。若寡妇被别村的人看上，先得给寡妇所在村的长老，送礼疏通关系，然后夜间来抢。但她所在村的男子也要娶她时，两家往往会发生械斗，甚至闹出人命案子。寡妇改嫁时，幼儿不让带走，一般由亲家伍代为抚养成人，寡妇可带婴儿抚养，直到成婚年龄送回本家，继父家不再管了。

如发现妇女有失贞现象，不仅要受到社会舆论的强烈谴责，而且会引起整个家伍成员的愤恨，认为整个家伍被蒙上耻辱。因此抓住涉事男女后，要割去男方的耳鼻或腿筋，以示永留耻迹，女方要遭到毒打和休弃。

过去，只要丈夫恶意地向妻子连说三声："我不要你了。"就算离婚了，妻子临走时，只能带走陪嫁的东西及个人用品。丈夫悔过与妻子重归于好，必须经清真寺阿訇重念证婚经"尼卡哈"，方能破镜重圆。现已有所改变。

伊斯兰教对东乡族的婚姻有着举足轻重的影响，东乡族男女成婚时，须经阿訇念"尼卡哈"，这是男女结为夫妻的合婚经。经过阿訇证婚后，婚姻才被社会承认。在男方到女方家娶亲时，女方家举行"尼卡哈"仪式：男女双双跪在地上，当证婚人阿訇询问男女双方同意不同意结为夫妻时，如果新郎年龄小或者害羞，不能应答，一般都是由男女双方的直系长辈代为回答，或者是由双方的父母耳提面命，使之应答，但当一方贸然说出"不愿意"时，证婚人是不能强行念"尼卡哈"的，婚约即行无效。但在过去，这种情况是很少出现的。

在念"尼卡哈"时，还有一个内容，叫"哈卡毕尼"（纳聘金）。进行"哈卡毕尼"的时候，根据男方经济条件，由双方评议，讨价还价，最后由证婚人决定。这笔聘金作为将来夫妻感情不好离婚时，男方给女方的赔偿费，但这种钱绝大多数不及时付给；夫妻感情好的，女方可以口头让免，如果女方不让免，男方必须付给。"哈卡毕尼"的聘金很高，这实质上是对男人随便休妻的一种经济上的限制。"哈卡毕尼"仪式完毕后，证婚的阿訇把念证婚经时摆在桌前的核桃、枣儿撒向院子，围观的大人、小孩和妇女都俯拾争抢象征吉礼的"尼卡枣"。由于清代初年，甘肃、宁夏、青海地区伊斯兰教派门宦的不断兴起，对一些教旨、教义及礼仪的解释各持己见，各门宦、各教派之间的排他性也亦趋严重。特别是清末以来，各教派间的裂痕日深，这必然会波及婚姻生活。凡信仰伊斯兰教的民族必须实行宗教内婚制，教派门宦的兴起和纷争，使这种内婚制逐渐成为教派内婚制。

民国初年，东乡地区的大小教派已有十几个，相互排斥异己的影响较深。因而东乡族在择婿嫁女时，先看"麦兹赫布"（宗教观点）是否相投。如果不一致，便会遭到"阿恒德"、家伍及"哲玛其"舆论的蔑视，严重的还要开除"哲玛其"。因此，各个信奉不同教派的"哲玛其"一般互不通

▸ 东乡族新娘

东乡族婚礼——念"尼卡哈"

婚,而实行教派内婚制。

教派内婚制的婚配原则,在各教派中,遵奉的程度是不一样的,有的严格,有的不甚严格。比如,女方出嫁到夫家,若不属同一教派,女方可不随夫家,或者明里随夫家,暗里随娘家。妻子在临亡时,才向婆家讲明情况,提出女方娘家"哲玛其"的阿訇或是教长,站"之拿则"(主持葬礼,做祈祷礼拜)。有的男方随了女方信奉的教派,都不会引起家伍、村落、"哲玛其"过多的干涉,只是背后议论一下而已。

不同教派的"哲玛其"在订婚、娶亲等方面也是迥然有别的。比如老教的各教派在婚礼前女方向男方要"尼卡羊"一只,以备出嫁时婚宴之用,新教与北庄门宦则不要"尼卡羊",宰自家羊。老教在迎亲的婚宴上,给送亲的宰全羊,或把羊折算成钱,新教则没有这个规定。老教在新郎娶亲时,来贺喜的人给新郎挂红彩绸,新教则对此视为异端,加以否定。

砸枕头

东乡族有许多有趣的婚礼习俗,如新婚之夜闹房砸枕头。到了新婚之夜,全村的青少年及亲友都要来闹房,这时陪送新娘的"苏还赤"以及前来参加婚宴的妇女们,在炕上紧紧地护围新娘,所有闹房的男人,则千方百计地寻找缝隙,摔枕头,砸新娘。由于护围的妇女防备甚严,所以尽管枕头飞来摔去,也砸不到新娘的身上。于是便发生了一场情趣盎然的争斗,男的冲到炕沿上,女的又把他们推下来,直到护围的妇女防不胜防,渐渐招架不住,新娘被枕头砸急了,"苏还赤"才迫于无奈,让新娘拂去蒙面的头纱,站在炕上,让男人们看新媳妇,并让男人们看箱笼里的嫁妆,双方的争斗这才偃旗息鼓,一欢而散,否则将持续到深夜。

耍公婆

在白天的喜宴上,有的还要戏耍公公、婆婆,村人们把公公、婆婆绑起来,反穿上一件皮袄,倒骑在毛驴或牛背上,脸上还要抹上锅灰,在大门外的场地上尽兴地嬉闹。所以婚宴上,当公婆的要尽量小心,不得招惹年轻人,以免引起麻烦。

罚新郎

新郎和陪客到女方家娶亲时,岳父家的邻人和青少年要想法儿"惩罚"新郎和陪客。这种"惩罚"表现为用土块打,柳条抽,惊吓新郎和陪客的骑乘,使其摔下马来,即便是身受轻伤,他们也得向"惩罚"者赔礼道谢。所以新郎和伴郎往往一到岳父家情绪就很紧张,一出丈人家大门,便早早溜走。

迎婚娶亲,在离开女方家时,新郎要到厨房向岳父家做饭菜的女人们致谢,并要想方设法乘人不备"偷走"一件厨房的用具和筷子等餐具,象征将新娘家的茶饭锅灶手艺"偷"来了。离开丈人家,一路上会经过亲戚们专设的"多斯乎接列"(茶宴),一般设在路口、路边上。茶宴上不仅有茶点,还有干果碟子、油

东乡族新婚夫妇回娘家

炸食品和肉食。沿途设宴的亲友较多的话,这种"多斯乎接到"的仪式还要多次举行,次数愈多,愈显得荣耀。

成婚后的第三天,新娘要回娘家。娘家家伍逐户都要请新娘吃饭。返回婆家后,叔、伯及堂房等亲戚和其他各户也要请新娘吃饭。

唱"哈利"

东乡族在旧时夫权观念很强,妇女的地位较低。"哲玛其""阿恒德"及家伍中会商诸事的活动,妇女是没有权利参加的。新郎娶亲回来后,邻里亲友们均前来唱"哈利"致贺。唱"哈利"的时候,由"拿杜赤"(专司婚礼演唱的民间艺人)一人领唱,每段毕,众人齐声随和"哈利姆"。"哈利"是东乡族的迎婚调,内容包括祝贺新婚、颂扬新娘、家庭和睦、人丁兴旺等一些祝词之类。演唱时,按节奏拍击手掌或拍手臂,随弯曲呈马步状,左右横行转圈,有时随着呼声前进或后退,伴着简捷明快的舞蹈动作。

"杜亚依结"——丧葬

东乡族对丧葬很重视，对所有亡者，不分年龄性别，一样对待。一般，逝世以后，当天就埋葬，不隔夜，除非遇到特殊情况，如亡人的至亲（直系亲属，如父亲，或儿子）出门在外，则火速派人传话通知，因路远来不及当天奔丧的，才可破格等一天。一般亲属，包括远嫁的女儿、姑母，因家族派人传话通知，来不及当天奔丧的，一般不等，在当天料理丧事，当天埋葬。东乡族实行土葬，丧葬仪式比较节俭，亡人埋葬不用棺材，不穿衣服，无论贫富都不陪葬东西，只需12米"凯凡"（白裹尸布）。

东乡族把逝世称作"埋体"或"杜亚依结"，不能说"死"，只有动物死了说"死"。亲友邻里村人到亡人家，向家属表示"他节"（安慰）；亡人家要根据经济条件，自愿施舍"也贴"，即为悼念亡人，给来者施舍的现金。人亡后放在洗尸的"水床"上，由亡人的亲属"抓水"（净尸）。一般男亡人由舅舅家来的人洗，女亡人由娘家人来洗，均由同性、同辈人洗尸，其他人不能随便进去。"抓水"后，用"凯凡"包尸，"凯凡"要按一定的规格剪成几块，才能使用。"抓水"后，转"非提也"，即送葬前请阿訇满拉数十人，为亡人赎罪的一种仪式。之后，将亡人放在担架上，盖上绿色和白色的绣单，绣单上绣有《古兰经》语录，抬到清真寺举行"之拿则"。

> **知识链接**　"之拿则"是一种送葬的仪式，在"伊玛目"的带领下，众人举两番礼拜，寓意是参加这次礼拜的功偿全部送给亡人，举行"之拿则"时，教长站在最前列，带领众人虔诚地念祈祷词，求真主饶恕和怜悯亡人，让他的灵魂得以安息。送葬者低首默祈，清真寺里沉静肃穆。亡者家属依经济能力，向人们散"索得格"（即为亡人施舍一些钱财）。

葬礼后，由亲友邻里将尸体抬到墓地埋葬。墓坑长方形，墓坑下另挖一偏洞，将亡人缓缓地安放在偏洞内，让他面朝西向，然后用土坯将偏洞堵起来，再填满土。这时阿訇开始诵念《古兰经》有关章节，送葬的人们跪坐旁听。念完后，大家齐呼"都哇"，即表示替亡人祈祷。至此，葬礼结束。

亡人生前穿过的衣服，一般要送给贫困者，不能留置家中。信老教的人一般在送葬的当天，7天、40天、100天和周年日，请阿訇念《亥亭》(《古兰经》片断），以示纪念。悼念时宰鸡或宰羊，炸油饼，请村人和亲友。新教则在送葬后4天之内家中不能生火做饭，必须到邻友或亲戚、家伍家里吃饭。4天后，请阿訇念《亥亭》，并在7天、40天、100天和周年请阿訇念《亥亭》，以示对亡人的悼念。

交友待客

东乡族很注重交友待客的礼节，而且很细致，涉及日常生活的各个方面。

尊老敬老

尊重老人被视为天职，是晚辈做人的基本品德，并认为"前檐的水咋流，后檐的水咋淌"，俗有"孝敬父母，是半个依玛尼（信仰）"之说。

晚辈出门归来，见老人须微曲躬身，道"赛俩目"（问安）。老人与青年同行进门时，一定请老人先进。晚辈与长辈同向而行，如有急事赶前，须打招呼，说明原委，方能超越。平时，青年见长辈走来，坐着的要起立。在家一日三餐，对老人无论倒

东乡族待客习俗

茶、递饭都要双手呈送。老人坐炕必居中，就餐时，老人先尝以后，晚辈始可就餐。除老年妇女外，妇女一般不与男子同屋吃喝。儿媳妇端饭进屋腰要微曲，出门时略退再转身出门。

待客礼规

每逢节日、喜庆日或其他原因来客，主人要在门外迎接。如是穆斯林客人，见面先说"赛俩目"问安，然后按辈分和年龄依次进门。客人上炕须脱鞋，主客居中，以示首位，其余按辈分或年龄分坐两侧。就餐时，主人再道"赛俩目"，让主人先搭口，鸡尖须由主客享用。主人要站立炕沿边，不陪坐，不陪吃，陪客一般由中老年人担任。

◀ 东乡族热情待客

扶贫济危

东乡族对路遇困境和灾荒上门求食者，必以食品接济，以示同情，绝不歧视，更不嬉笑取乐，恶语中伤。对村内鳏、寡、孤、独都自愿资助，邻里更是经常相帮。同村者，即使平日有宿怨，对方如遇天灾人祸，即化怨为亲，挺身相助，绝不会幸灾乐祸。

注重信义

东乡族说话一定算数。俗有"落地的石头，出口的话"的谚语。把那些反复无常，言而无信者称为"卡拉古当赤"（经常撒谎），对毫无诚实可言的人视为最不受欢迎的人。

排难解纷

东乡族称那些为别人排难解纷的调解者为"乡老"。"乡老"受人尊敬是因为他既要苦口婆心，按传统公理办理，辛苦而担风险，又不要报酬。"乡老"有自愿、自发担任的，也有当事人双方聘请的，一般多以中老年人为多，他们积极为结下冤仇的人说和，受到人们称誉。

结交挚友

东乡族喜交朋友，如果彼此肝胆相照，则要结为挚友。结交挚友，东乡族称"多斯他尼"，"多斯他尼"须举行一个结义的仪式。请来阿訇和至亲作证，互抱《古兰经》起誓，毕后宰羊、宰鸡，炸油香款待大家，结义过后的"多斯"（朋友），则亲如兄弟，双方家庭的婚丧之事，乃至念《亥亭》做"斯大哈"等纪念亡人的祭祀，都必须请"多斯"参加。平时互相像亲戚一样时常拜望，如发生急难，则义不容辞地相互帮助。

四大节日

东乡族每个月都有节日，每过三年逐月轮换，这和宗教信仰有密切的关系，东乡族的四大节日：开斋节、古尔邦节、圣纪节、阿守拉节，都来源于伊斯兰教。在岁月的流逝中，已演变成东乡族的民族节日。

开斋节

伊斯兰教教历九月是戒斋的月份，九月因此称为斋月。为了弄明白顺序，我们先看看什么是伊斯兰教教历：

伊斯兰教教历，又称"希吉来"，622年7月16日为纪元元旦。这一天是穆罕默德圣人迁移到麦地那的纪念日，"希吉来"为迁徙的意思。伊斯兰教教历纯属阴历，月亮圆缺1次为1个月，12个月为1年，单月30天，双月29天。全年共354天多一点。比公历一年少10天多一点。伊斯兰教教历又不同于我国的农历，我国农历4年一闰月，而伊斯兰教教历则没有闰月。因此，伊斯兰教教历每年比公历少10天左右。

这就是斋月有时在冬天，又有时在夏天的原因。其他节日也如此推算。

每逢斋月，穆斯林白天不饮不食，不准说流言秽语，夜间饮食，称为"封斋"，是伊斯兰教的五功之一。斋戒期满，伊斯兰

开斋节聚礼

教历10月1日开斋,举行庆祝活动,称为开斋节。

开斋节的一天,男人们除了去清真寺聚礼以外,还在清晨上"麦咱"(墓地)念经祈祷,悼念亡人。邻里间相互上门做"赛俩目",互相问安。妇女们则在家里炸好油香、油馃、馓子分送亲友,互相拜节问候,这样庆祝3天,非常隆重。新中国成立以后,地方政府规定在开斋节放假两天,还备置节日物品,派人慰问各界人士,召开茶话会,使东乡族人民愉快地欢度自己的节日。在一些民族杂居地区,其他民族朋友也来登门拜访,表示节日的祝贺。

古尔邦节

古尔邦节,东乡族称之为"阿也"。"阿也"是东乡语,意指节日。这一节日,一般在开斋节后的第72天举行。凡是有宰牲能力,而且经济条件允许的,节日期间,家家户户都要宰牛或宰羊庆祝。所宰的牛羊肉,或请众乡亲到家里共餐,或奉送给清真寺和每个邻里亲友。"古尔巴尼"所宰的羊肉,不允许独家享用。即便是上门的乞丐,也要一视同仁,让他吃饱菜、油香,再拿上一份肉。古尔邦节必宰羊,源自《古兰经》的一个故事:

先知易卜拉欣年老无子，苦苦祈求安拉赐他一个儿子，果然得应，取名伊斯玛仪。伊斯玛仪长大以后，聪慧过人，易卜拉欣视为掌上明珠。但在有天夜晚，易卜拉欣梦见安拉示意让他献祭回报，梦醒后，易卜拉欣想来想去，拿啥献祭呢？比自己的性命还要宝贵的儿子，既然是安拉赐的，我就把自己的儿子献祭吧。天亮了，易卜拉欣正准备宰杀自己的儿子，他的忠诚感动了安拉，便赐给他一只羊，以代替伊斯玛仪的牺牲。

伊斯兰教信徒过这个节日是为了表示对安拉的恭敬顺从，效法"易卜拉欣"，随时为"安拉"献出自己的一切。东乡族人在古尔邦节这天，不分富贵贫贱，坐在一起聚餐，显示着民族的和睦团结。

东乡族古尔邦节聚餐

圣纪节

圣纪节，是纪念穆罕默德诞生和逝世的节日，在伊斯兰教历3月12日举行（诞生日和逝世日在同一天）。过"圣纪"是为了赞颂"穆圣"高尚的品德，不忘他的圣行教诲，做一个虔诚的穆斯林。一般的纪念方式是举行各种形式的家会，诵读《古兰经》。过圣纪节一般也要宰羊、宰鸡，大家共食。有的聚众在清真寺、拱北里过，有的则在自己家举办。

阿守拉节

"阿守拉"一词是阿拉伯语的音译，意思是"10"，即伊斯兰教教历的1月10日。

东乡族大部分人很重视阿守拉节。在东乡，阿守拉节主要是妇女和儿童聚会的节日，每年由各家主妇轮流操办，一个村子里，哪位掌家的妇女吃上鸡头，明年就轮到她操办，其余各家各户只出一些小麦和清油。男人们念过经，做过祈祷仪式后，简单一吃就走了，剩下妇女、儿童。阿守拉节上，有一种特制的美味可口的肉粥，东乡语叫"罗波弱"，它是专门用各种囫囵粮食做的。将小麦、青稞、蚕豆、扁豆、玉米和肉丝等混煮的肉汤，黏糊糊的，再泡上油饼，吃起来味道很不错。东乡族自古就流传着一首童谣："阿守拉，依结之唐土啦。"意为"罗波弱吃的肚子都快胀破了"。对东乡族妇女来说，"阿守拉"还有粮食节的寓意，寓有对当年的粮食丰收的美好祝愿，这一点和宗教无关。

卧碌吃节

每年的秋末冬初，粮食入仓，洋芋入窖，繁忙的山乡一下子沉寂起来。这当儿，东乡族有个庆祝丰收的节日，叫作"卧碌吃"。"卧碌吃"，几乎每个村庄都过。一般以一个小村庄为单位，各家各户自愿分摊一升小麦，再集点钱，买一只羊或一头牛，选一家拥有宽敞的房间、茶饭做得好的人家具体承办，或是轮流做东。然后炸酥馓油馃，蒸好"仲卜拉"大馒头，剁好肉份，做好菜和麦肉粥，全村男女老少喜气洋洋过"卧碌吃"。

"卧碌吃"，男女须分开坐在房中，儿童们都坐在房子外边屋檐下的台阶上，或是在院子当中拿门板支起的临时饭桌上，老人们都坐在上房里。上菜、上饭先从上房开始，然后依次为青壮年、儿童端菜、端饭。人们边吃边聊，其乐融融。"卧碌吃"人人有份，来不了的老太太、病人都要捎去一份，不拉下一个人。

每年过"卧碌吃"节的具体时间不定，这一习俗，现已淡漠。

家庭与家族

家庭

东乡族称家庭为"ge",即"房子"的意思。东乡族普遍实行一夫一妻制。一家一户的个体生产是社会经济的基本形式,新中国成立前个别富裕户也有一夫两妻的,但这只是个别现象。

家庭通常由妻子儿女组成,但三四代同堂的也不乏其例。三世同堂或是四世同堂的大家庭,祖父母住"富格个"(feige,上房),父母亲和年龄尚小的子女住"乔也个"(teige,厢房),已成婚的儿子住尕房(偏房)。

东乡族原来实行早婚,男15岁、女13岁便结婚,儿子结婚五六年以后,便另打庄窠与父母分居。儿子要分居时,父母要给儿子划分土地财产牲畜。最小的儿子一直留在父母身边,并为父母养老送终,父母亡故时的殡葬费用均由儿子们共同负担。幼子的继承权比其他儿子优惠一点,父母或者祖父母居住的老庄窠或是上房归幼子继承,这已成为东乡人的不成文规定,历来遵行不悖。祖父则倚重长孙,在财产分配方面,长孙的地位几乎与儿子们一样,亦可分得一份财产。在几代同堂的家庭成员中,翁媳之

东乡族家庭

间、兄与弟媳之间均须回避，不常见面，也不交谈，以示尊重。过去，东乡族女子的权利很低，无财产继承权，姑娘一旦出嫁以后，便成了"泼出去的水"，娘家再也无权管她的事了。

在家中，祖父被称作"节堆"或者"爷爷"，祖母叫作"奶奶"。父亲叫作"阿达"；母亲叫作"阿娜"。哥哥叫"嘎嘎"；姐姐叫"阿伽"。叔父叫作"爸爸"；婶子叫作"阿姨"。

东乡族家庭

辈分小和年龄小的一律称名字。妻子不能直接称呼丈夫的名字，但丈夫可以叫妻子的名字。妻子跟丈夫说话，什么也不称呼，对旁人，称丈夫为"尕娃的阿达"，或者在"阿达"前面加上自己儿女的名字。

在家庭中，父亲的权威最大，下来是大哥。如果是孤儿寡母组成的家庭，最大的男孩儿，无论成年与否，可以代表家庭参加家族成员中的婚宴和其他活动。三世同堂的家庭，祖父决定一切，父亲也有很大的权限。儿媳妇、孙媳妇在家中几乎没有发言权，就是单过，一般也没有多大决定权。所以东乡族习惯把"夫"这个概念叫作"掌柜的"。"掌柜的"这个概念除了管家理财以外，还明确地含有管"她""女人"的意思。做饭、扫院、烧炕、打茶、出圈、喂牲口等繁重的家务活，都由家庭中的女性成员，包括未成年的女孩子承担。父亲、儿子在外面干活回来，往炕桌前一坐，端饭递水都由女的包揽。

东乡族的孝悌观念很深。子女要孝顺和赡养父母（包括继母），弟弟服从兄长。东乡族民间传有"不孝顺父母的人，自己踏进了多灾海的大门"的谚语，"多灾海"指地狱。所以孝敬父母，尊重长者，是东乡族相沿成习的传统道德。

家伍

家伍，就是汉族地区通常所说的家族。家伍，由与父亲有血缘关系的亲戚组成，有亲家伍和大家伍之分。一个祖父的后代组成单个家庭，互相便视为家伍，出了这个范围的曾祖和太祖的后代，便叫大家伍。家伍的作用是排解家庭纠纷，儿孙分居时分配财产，以至婚丧祭祀，都须请亲家伍会商解决。亲家伍解决不了的，就由大家伍办理。

家伍 ▶

东乡族的家伍观念根深蒂固，这是古代氏族生活的遗迹。如家伍中一致尊重长辈、老人，专横的家长制、长子的支配权、幼子的优厚继承权等，甚至在订婚、娶亲时，家伍这种氏族宗法的遗迹都随处可见。比如，订立婚约，男方给女方家送彩礼时，也要给女方的亲家伍送礼；如果亲家伍只是几家，送聘礼时，男方须给每家送一包茶或一份礼。女方亲家伍的长老——"节堆"，如在女方叔伯家赡养，男方还要给女方的爷爷另送一包细茶（约一斤多重），以示恭敬。如果岳父家的亲家伍过分庞大，叔伯太多，就要以"总茶"代替。"总茶"就是带有象征性的一份礼。家伍成员轮流接受总茶。比如，亲家伍有若干户，有众多的女儿，当他们先后订婚时，今年家伍中的甲户接了总茶，明年就轮到乙户接总茶，后年就该丙户了。娶亲的前一天，男方也须先宴请大家伍，商谈娶亲的诸项事宜，这也叫"家伍茶"。先请大家伍喝茶，请辈分最大者为首席，长辈坐上席（炕上），小辈坐下席（地上摆桌子），一户一个代表。主持户把宴上的油炸食品，菜，鸡、羊肉端上桌，每人有一碗盖碗茶，家伍们边吃边议。安排婚礼的招待事项并商定女方送亲陪员的礼数钱，也叫"羊钱"（将整羊折算成钱，送给女方的送亲者）。要娶亲的人家也把娶亲事项和准备情况，向家伍汇报。亲家伍的家庭成员都要前来参加娶亲，大家伍的每户须到一个人，并预备一份礼物，给新郎送一件衣服或者鞋袜、布料等。

过去，如果一家要变卖房屋土地等固定资产，必须先请示亲家伍，尔后再向大家伍出售。如果亲家伍或者大家伍中没有人家买，才能卖给别人。如果亲家伍或是大家伍想买时，售价须大大低于售给旁人的价钱。估价、作价由大家伍的长辈们主持商定，卖方不能讨价还价。家伍中辈分越大或是最富有的人，说话的分量就越重。

阿恒德

东乡地区一般以一个姓氏、支系或按宗族划分村落。通常一个村落同属一个宗族、一个姓氏，户数十几户、几十户，乃至上百户不等。东乡族把这种同一宗族的村落，称作"阿恒德"。"阿恒"，含有村庄的意思，但"阿恒德"是专指居于同一村落的宗族而言。"阿恒德"中分大家伍。

"阿恒德"也包括出于同一氏族的十个、十几个村落。由于自然条件差，农业经济十分落后，加之时代的变故，长期以来，"阿恒德"、大家伍不断分支，迁徙他乡和加辟新村，分成好几个、十几个村落，他们把原来居住的村庄称作"老庄"或"老根子"。这些从"老庄"分支出去的各村各庄的人，由于地缘和年代的变更，人口的繁衍，使之关系日趋疏远，辈分也分辨不清了，于是相互间称作"阿哈叫"或"阿哈勒"，即同一个祖先的后人。近百年来，由老庄分离出来的村落已不下几十个。如东乡族自治县坪庄乡韩则岭，也叫哈木则岭，由它分离出来的村落，有高山乡的洒勒、南阳洼、拾拉泉；龙泉乡的那龙沟；广河县的排子坪，积石山县的尹集乡尹集村等十几个村落，总共2 300多户人。他们都认为韩则岭是他们的"老庄"，还能清晰地追忆从老庄迁徙出来的年代，并互称"阿哈叫"。因此，东乡族所有村寨，都有一个可以查清的老庄和清楚的系谱。

东乡族严格遵循氏族外婚制，"阿恒德"和"阿哈叫"之间互不通婚。

东乡族地区也有不少以地缘关系为基础的村落，一般是小集镇和大一点的村庄。比如在锁南坝居住的就有马、白、妥、何等十几个姓氏的东乡族。单就马姓来说，就分麻失里、东达恒、奴拉、拾拉泉、难民、果果承等十几个马姓。他们虽然同姓，却分属不同的"阿恒德"。"麻失里""东达恒""拾拉泉"等就是他们原先的"老庄"的村庄名。他们在锁南坝居住已有一二百年的历史。至今，仍以"麻失里空""东达恒空""拾拉泉空"互相称呼，他们之间是可以互相通婚的。

"阿恒德"和村落没有组织结构，也没有公认的民间首领。

第五章
民族文化

东乡族特有的生存环境塑造了其特有的民族文化,古老的英雄史诗和脍炙人口的民间故事与诗歌,记录了东乡族对未来的憧憬和渴望。独特的民族运动项目,再现了昔日的欢快与喧闹。

民间文学

东乡族有丰富多彩的民间文艺,既有古老的英雄史诗、传说、故事,又有妙趣横生的笑话和富有哲理意味的寓言、童话;既有儿歌、谚语和传统的歌谣,又有高亢嘹亮、人人会唱的花儿。这些形式多样的口头文学,以它特有的艺术风格,从不同角度反映了东乡族人民从古至今各个历史阶段的社会实践、思想感情、美好理想和民族心理状态。

歌谣和谚语

东乡族民歌感情真挚、风格多样、语言朴素,有固定的形式,生动地反映了劳动人民生产生活的各个方面。

了略 在夏收季节的晚上,人们赶着毛驴,在崎岖的山道上,或在收庄稼时唱的一种歌。歌词一般固定不变,简单易记,虚词、衬词为多,节奏舒缓,曲调悠扬,表达了一种欢快喜悦的劳动情绪。

洛洛 碾场、赶滚碌碡时唱的号子,歌词简单明了,没有多少具体内容。如:

哎……一对的牛拉的拉欧拉也,噢荷荷,洛洛呀回来哟。

碾场

榰格哇拉达（连枷歌） 碾场打连枷时唱的一种号子。这是一种对唱形式。碾场，也是协作性、节奏性较强的一种农活。一家碾场，亲友邻里都来帮忙，打连枷时，不分男女分成两排，随着连枷一上一下，错落有致的强烈节奏，"榰格哇拉达"则一呼众和，对唱开了。歌词都是即兴而作的，一般来说句子短小，变化灵活、节奏也较为活泼明快。

扬场歌 碾场后扬场时唱的一种劳动号子，调子与"榰格哇拉达"大同小异。

当奴社调 东乡地区流行的打夯调，有五六种曲调。一般采用一人领唱，众人伴和的形式。领唱者，叫唱把式，可不参加具体的打夯劳动，只是站在一旁领唱，为大伙助兴鼓劲。歌词有的是即兴而填，有的是固定内容，有抒情的，也有叙事的。

哈利 东乡族的婚礼歌，是专在结婚仪式上唱的歌。由一个"拿杜赤"（民间艺人）领唱，前来贺喜的亲友们伴和，歌词也都是关于庆贺和祝愿的即兴之作，可长可短，但每一段的第一句必须唱"哈利姆"三个字，并按节击掌，拍手臂，带有舞蹈动作，载歌载舞。

在东乡族民间歌谣中，儿歌极为丰富。流行的儿歌有"真扎诺""胡拉哈胡勒""枯拉枯拉"等等。

真扎诺 一种趣味性儿歌，一问一答，内容带有诙谐、滑稽的意味。如：

房顶上是什么人呀？
是真扎诺呀。
为什么不下来呀？
下来怕狗咬呀。
为什么不找狗呀？
打狗没有棍呀。
没棍何不打土块呀？
土块碎得快呀……

这一类儿歌，均由东乡族母语说白，所以儿童都很喜欢。

胡拉哈胡勒 知识性儿歌，吟诵的是一些植物知识和农活季节性知识，儿歌都是用东乡族母语吟诵的，对仗工整，押韵谐调，十分严格，甚至上、下句式的音节也很一致。头韵、脚韵都有，音韵和谐，词语流畅。

人们通常说谚语是哲理小诗。东乡族的谚语具有形式简短，音韵和谐，句式整齐，富有哲理性的特点，一般押头韵、脚韵。如：

奸驴的腰先折哩，
奸人的阴谋先破哩。
沟里的泉水不会干，
人的智慧不会完。

还有一种押腰韵、脚韵的。如：

骆驼吃的盐多，
弱者流的泪多。

花儿

东乡族民歌如果按形式分类的话，有东乡语民歌和汉语民歌两大类。以上介绍的是东乡语民歌，下面呢，我们则谈谈汉语民歌，即"花儿"。

表演"花儿"

东乡语把汉语"花儿"称为"端"，"端斗拉"意即漫花儿。近一二百年以来，"端"在东乡族人民的精神生活里占有很重要的位置。正如流行于甘宁青地区的一首东乡族"花儿"里唱的那样：

花儿本是心上的话，
不唱是由不得自家，
刀刀拿来从头割下，
不死还就这个唱法。

可以说"花儿"是东乡族人民表达自己喜怒哀乐、悲欢离合之情的最好形式。在东乡族中，无论过去和现在，即兴而歌的花儿歌手为数甚多。

"花儿"早在明末清初，就深深扎根在东乡族人民中间。1781年初春，以苏四十三为首的撒拉族人民揭竿而起，举起反清斗争的义旗，取道东乡，东渡洮河，直攻兰州，数以千计的东乡族人参加了这次斗争。当时，东乡地区流传着许多民歌，其中有两首"花儿"唱道：

撒拉反清者唐汪哩，
唐汪里有个亲戚哩，
接在个炕头坐哈哩，
管上了一顿吃的哩。

折上了房上的尕椽子，
齐排挤扎成个筏子，
撒拉反清在尖山子，
吃的是羊肉面片子。

"花儿"里说的唐汪川，是东乡境内濒临洮河的一个地名。这两首"花儿"，一方面表述了东乡族人民对撒拉族人民反清斗争的支持，以及患难与共的情感；另一方面，也清楚地说明，当时"花儿"在东乡族地区广为流行。

过去，东乡"花儿"中的苦歌和情歌为多，唱出了对旧社会悲惨生活的控诉，表达了青年男女对封建婚姻制度的反抗以及追求忠贞爱情的愿望。新中国成立以后，歌唱新生活，歌颂共产党的"新花儿"，已替代了过去的悲歌、苦歌。

东乡族"花儿"属"河湟花儿"，基本上四句一首，前两句为比兴，后两句为本意。如：

青石头—崖上的—红嘴鸦，
崖鹁鸽—喂食者—大了；
我对你—没说个—伤心的话，
你把我—生气者—咋了？

一三句的结构相同，每句四顿；二四句结构一致，每句三顿。一般也称作"九八式"，或者是"十八式"，意即每一段的一三句各是9个字，或者是10个字，二四句8个字。一三两句是三三三断开；若10个字则三三四断开，二四句的三三二断开，很少有齐首齐尾的。六句式与四句式的结构基本相同，只在二四句和一三两句之后各加半句。

叙事诗和史诗

用东乡语演唱吟诵的民间叙事长诗，至今尚在流行的有《米拉尕黑》《战黑那姆》《诗司尼比》《和者阿姑》《葡萄蛾儿》等。其中，《米拉尕黑》数百年来口口相传，经久不衰，在东乡族人民中影响很深。

民间叙事长诗都是说唱体，形式比较自由，中途换韵较多。上述这首长诗的音乐，只有两个曲调：一为王声宫调式；一为羽调式。

旋律结构不甚定型，随着唱词的长短和变化自由伸缩，两段曲谱交替，不断地反复，有较强的吟诵性。

▶《米拉尕黑》叙事长诗节选

> **知识链接**　"米拉"，东乡语是"小"的意思。另一说"米拉"为阿拉伯地区古代人名；"尕黑"是"哥哥"的意思。东乡个别地方流传的"白提"中也有叫"米拉尕黑"的。就是说"米拉尕黑"既是勇士的名字，也含有"小哥哥"的意思。

民间故事和传说

传说是人民对于历史的艺术记录，它从纵横两方面反映了民族的历史和人民的生活，具有重要的历史价值。在人物传说中，有《哈姆则巴巴》《安巴斯和布汉英吉尼的传说故事》，有与之相联系的是关于民族迁徙重大事件的记录。

相传，在很久以前，哈姆则巴巴（阿拉伯语意为"尊长""先贤"，东乡语意为"叔父"）带领四十个"晒黑古杜卜"（弟子）和八个赛义德（部落头人，先生），从遥远的撒尔塔地方，来到了果朱巴咋（河州）以东的一条"富个如隆"（山岭），修了一座气势宏伟的大礼拜寺。当时，果朱巴咋的官府得知这一消息后，派兵干涉，强行拆毁，并想把建筑材料拉到城里修官府的宅第。可是有几根几个人也合抱不了的大梁，怎么也拉不动，而且这位州官患上了一种奇怪的病，整天头疼难忍。于是哈姆则就规劝这位州官，只有重新修建这座大礼拜寺，州官的头疼病才会好。这个州官无可奈何，只好答应。结果，礼拜寺修好后，州官的头不再疼了，而且在他的辖地里，年年风调雨顺，山民安居乐业。哈姆则的四十个晒黑古杜卜，也在当地结婚安家，繁衍生息。哈姆则去世后，就安葬在这个大山岭上，于是，后人就把这条山岭叫作哈姆则岭了。

《赤孜拉妩》的传说，则热情地歌颂了东乡族一对青年男女，勇敢地追求幸福美满的爱情生活，与邪恶势力的代表——冒斯姆恶魍，进行不屈不挠、顽强斗争的美好品德。这个传说中既有缠绵悱恻、清丽练达的情歌缭绕，又有悲壮激烈、与恶魔拼死相搏的场面描绘，听了使人如醉如迷，催人泪下。类似这样的传说，还有《璐妇人斩蟒》《称够湾》《葡萄山》等等。

东乡族的民间文学中，最为丰富的是生活故事，它所反映的内容涉及生产生活的各个方面。有表现受苦受难的贫困人民与诺彦（官僚）、头豪（头人）和"尕扎占"（地主）做斗争的《背地的故事》《俄晃祖哈》《孤儿与后娘》《三个县的衙役》《昂把斯》《新媳妇打鬼》《尕孙孙》《阿卜杜的巧计》等等。

《东乡族民间故事集》书影

在漫长的封建社会里，劳动妇女的地位最低，在东乡族许多民间故事中，有许多是反映妇女痛苦命运的。她们不仅表现了对封建婚姻宗法制、家长制的不满和控诉，而且反映了她们追求自由婚姻的愿望与信念和对美好理想的憧憬，这些都在《白羽飞衣》《姣姣女》《沙郎哥》等故事里得到了充分的表现。

文娱体育

东乡族有很多传统的民间文娱体育活动，尤其是冬季和初春的农闲时期，最为活跃。

吉咕杜

正月里，农闲了，正是各种文体活动开展的好时候，聚在一块空旷的场地里，一个个生龙活虎似的，奔跑跳跃，手里拿着木棒，挥舞不休。流星似的一块弹丸在他们头顶上飞来掷去，乒乓有声。站在一旁的小伙伴，口里不停地喊着节奏明快的童谣，呐喊助威。这是青少年们在玩"吉咕杜"。

"吉咕杜"是一个像鸡蛋大小的椭圆形木球，用树枝削制而成，长约3厘米，粗约2厘米。打"吉咕杜"，也叫打"别烈棍"。"别烈"指长约34厘米的木棒，手握的一头呈圆状，击球的一头略扁。打"吉咕杜"，人数少则双方各一人，多则不限，双方相等即可。场地一般在麦场靠墙处或靠山崖的平坦地方，画3.3米长呈方形的界线，俗称"岗沿"。守方居岗沿内将球击出，攻方从得球之地，无论远近，极力扔球入岗沿，入则换发球权，守方以棒迎击防守，击之越远越好，后以棒量数，以数计分，先满百棒者为胜。

当尕达之拿杜

"当尕达之拿杜"，汉语即"打土块仗"。一般是两个村落间事先约好后举行的，有青少年，也有壮年，有时白发苍苍的老人也满怀兴致地来参加比赛。两个村子的人事先约好地点，有时是一座小山头，有时是一个地垄。

开始对打以后，双方的人立却互掷土块，有的还投掷自制的甩炮。这样你争我夺，你进我退，打得十分紧张激烈，难分难解，一直到一方守不住退却下来，进了自己的村子，才偃旗息鼓，握手言和。如果双方相持不下，可继续进行，有时甚至要玩好几天。在对打中，双方不能因为输赢而伤了和气，闹别扭。为了保证安全，玩时严禁用石块投掷，近30年来，随着群众性体育活动的逐步开展，"打土块仗"这种民间文娱活动，已经很少举行了。

摔跤

摔跤运动在东乡族中开展的最为普遍，每个村庄的青壮年，不管是下地种田，上山劳动，或是婚礼聚会时，都爱举行这种活动。东乡人把它称作"巴哈邦地"。摔跤的花样很

摔跤

多，有"花花抱""揽腰抱""后腰抱"等等。在摔跤中，连倒3次为输。围观者往往组成啦啦队，给摔跤者助威鼓气。对手有时由摔跤者自选，有时由村人选定。

踢毛牙

"踢毛牙"，是用一撮山羊毛和两枚麻钱缝制的毽子，可用脚尖、脚侧、脚背踢出16种花样，如"出""趄""歪""侧歪""盘""跶""宾""隔""跛""占""占脚背"等，一般两人对赛，也可多人分组对赛。赛法有"十席""五席"两种，即每个花样踢10下或是5下，以连续先踢够所有的花样者为赢，输方必须给赢方"丢毛牙"。

赛马

东乡族人还非常喜欢赛马。过去，一般都在结婚宴席未开始时，由前来贺喜的青年人和新郎、陪客进行赛马，给婚宴增添欢乐，活跃气氛。后来，每逢盛大节日，东乡族自治县便组织大型赛马会，前来参赛的骑手很多。优胜者要披红挂彩，马脖上要搭一束红绸子。

耍火把

正月十五这天晚上，东乡族也是在异常热闹的气氛中度过。天一傍黑，就见村村寨寨的青少年燃起麦草扎的火把，跑出山庄，满山遍野地奔跑，一个个大

◀ 耍火把

火把排成一字形的长龙，在茫茫的夜色中，旋舞飞腾，壮观极了。

东乡族耍火把，不同于南方有些少数民族的火把节，它没有唱歌跳舞的聚会场面，而是突出一个"跑"字。青少年高擎火把，要跑遍地垄、山头，因而带有一定的民间体育色彩。老年人以及妇女则站在村头上观望，从满山遍野的火把中看火的颜色。据说火色愈红，则预示着当年的小麦与胡麻定会大丰收。

第六章
生产及贸易

东乡族生活地区除康汪川和平善区那勒寺及沙滩区外,其他均为陡坡山地,"山高沟深"是其特点,素有"十种九不收"的窘况。但是,负有开拓、进取精神的东乡族人民常年辛勤劳作,开荒垦田,将山地变梯田,挖窖储水,打破"靠天吃饭"的魔咒。

经济生产

东乡族以农耕为本,兼营商业、畜牧业、手工业、编织业等。因此它的有形物质民俗,自然离不开以上各种生产劳动中的礼仪、规程。

庄稼活

农作物种类 东乡族人居住的地区多山,除小部分川地及高原以外,余皆为山地。土地大致可分为水地、川地、沙地、塬地、滩地5种,其中山地占4/5以上。东乡因地势高、气候寒,农作物一年只能收获一次。主要农作物有红麦、大麦、青稞、豌豆、扁豆、蚕豆、苞谷、米子、谷子、荞麦、燕麦、大豆、洋芋、回回豆、麻豆、油菜籽、胡麻籽、苦荞。饲料作物有苜蓿、草谷。其中红麦、青稞、豆子为夏田作物,洋芋、苞谷、荞麦、燕麦、米子、谷子为秋田作物。新中国成立后输入小麦,故不再种红麦。

农业工具 主要劳动工具有犁、耧、碌碡、铡刀、铁锨、连枷、杈子、磨子、耱子、耙子、铲子、木锨、榔头、刨镢、风车、碾子、杵臼、连子背斗、场杠、耖犁等20余种。耕畜主要有牛、马、驴、骡。产量,1垧地下籽4升,可打麦稞3斗许;洋芋

东乡族主要农作物——洋芋

东乡族传统方式农耕

1垧地，可挖20~30背斗（1背斗合30公斤）。

农耕自然环境 东乡族聚居地区，四季不分明，冬长夏短。春秋相连，冬无严寒，夏季湿凉，无霜期短，日照丰富，降水量偏少，易发生干旱。再加上耕地多分布在沟谷纵横的陡坡峭梁上，土壤多以大白土为主，渗漏严重，保墒性很差。康熙年间的知州王全臣曾有一首诗概括了东乡族地区的特点："地瘠苦民贫，气寒艰稼穑。"数百年来，东乡族人以坚韧勤劳，经过长期的摸索，逐步找到了根治险恶的自然条件，发展农业的诀窍。"山高和尚头，沟深工水流"的不毛之地长出了五谷，生起了烟火。

播种与收获 春麦是东乡的主要粮食作物之一。开犁下种，先沟后山。地处沟底的村庄有"九里的麦，请下的客"，"七九麦子、八九豆"；而山上则"过了春风节，耕地不停歇"，"清明以前，种完麦子"。因而川水沟底2月下旬就开播，随之川源地区先后开始，个别高寒阴山地推迟到3月底播种。播种完小麦以后，豆子、青稞、和田（青稞、小麦拌豆子）等夏田紧步后尘，随后秋田、洋芋、米子、谷子、玉米相继跟上，一直到冬天，没有农闲的时间。麦苗长齐以后，就到锄草时节，东乡族对锄草很重视，常说"种地不锄草，别想庄稼好"。锄草时一般男人不参加。这时只见一块块碧绿的梯田里，三三两两，戴着白、黑、绿三色盖头的妇女们，盘腿坐地，蠕蠕而动，手中被黄土磨亮的小铁铲，灿灿发亮，她们充满着对丰收的希冀，谱写着温馨幽静的田园诗。此时，男人们则赶着毛驴往洋芋地里驮粪，忙着给秋田施肥。

> **知识链接**
>
> 计算土地面积的方法过去有两种：西北部以播种粮种的斗数计算，东南部以垧计算。斗垧之间的折合比例，各处不一样。有的1斗折成1亩6分，有的折成1亩2分5。一般1斗约等于1垧，耕作方式有轮种、歇种、混种三种。
>
> 轮种：头年种杂禾（青稞、豆子、红麦混合），第二年种小麦、第三年种洋芋。
>
> 歇种：多在土地贫瘠的山坡地上，种一年，歇一年。
>
> 混种：多将青稞与豆子、小麦混合下种，菜籽与大豆混籽撒种。

一年中最紧张的当属七八月收麦的时节，因为七八月是冰雹最多的季节。"龙口夺食，含糊不得"。上至80岁老翁、下至5岁少

儿，都要上地拔麦子，加昼连夜，抢收抢运。此时的夜间，星空璀璨，悠扬的"了略"声此起彼伏，驱赶着袭人的睡意和如水的夜凉，把成捆的麦子、青稞、豆子运往场里，码成垛子。东乡人的麦垛子有自己的特点，圆形的大墩子，直径四五步，压的麦捆子达一人半高以后，尖锥的盖脊压青稞，垛背的最外层，则用青稞捆子压上去，青稞麦芒一律露在外边，东乡族人把这种垛子叫作"卜混"。刚擩起来的"卜混"又高又大，像一座闪闪发光的"金庙"，煞是壮观。这样在场里放上两三个月，即便是碰上阴雨霏霏的雨季，"卜混"里滴水不漏，雨水顺针尖般的青稞麦芒滴流到场里，万无一失。擩"卜混"要有一定的技术，擩"卜混"时得请一位技术高的老农当擩把式。

"庄稼一枝花，全靠肥当家"。为了弥补肥源紧缺，除了压毛炕，挖炕灰，勤圈粪以外，还有一种特别的积肥方式，叫烧生灰，即烧荒积肥。每当秋后草根干枯之际，在长满草坝子的荒山陡坡上，用大锨垦翻荒坡。锨翻的大块头草坝子，根须密集，翻过后，让阳光晒上一秋一冬，来年春上，再把草坝子一块块擩起一人高，十几米长，里面架空，然后在下端放点柴草开始烧，直到燃着了那些和泥土盘根错节在一起的土圪垯草坝子，火势顺坡，自下而上缓缓蔓延，荒山沟里轻烟袅袅，十天半月，经久不息。像小山一样的草坝子烧透以后，再经几场大雨浇淋，土圪垯变成了红色，生灰便烧成了，驴驮人背送往地里。一堆生灰可以用两年，烧生灰时间长，用工多，有时一家子干，有时也有几家合

▲ 现代化机械的投入给东乡族农民带来丰收的喜悦

◀ 东乡族现代化机械播种

▲ 大丰收

伙一起干。生灰是给洋芋追肥的好肥料,经过生灰施肥的洋芋,味道特别香。

东乡族种植小麦,籽粒饱满,面粉柔性好,宜于做又长又细的拉面。洋芋淀粉含量高,甘爽可口,所以河州城附近的菜粮,比周围其他地区的菜粮更受欢迎。特别是东乡的洋芋,远销省内外,驰誉遐迩。

东乡族一年四季精耕细作,对夏收过后三伏天的犁地,尤为注重。"伏里耕一遍,强似秋里耕半年";"耕得深,犁得均,地里能出金和银","若要苗全出,地要打糖绵",这些流传东乡地区的农谚,说明了这一点。

偏工、贷畜、麦客子

在生产劳动中,东乡族也和其他民族一样,普遍流行着多种无偿互助的习惯。有一首"花儿"里这样唱道:

头伏的尕地哈刚犁完,
有空了二伏时再犁哩;
尕糖子拉了者满地里转,
来年的光阴哈盼哩。

偏工、贷畜、麦客子。

偏工 东乡族人把无偿帮工形式叫作"偏工",偏工的范围

东乡族农忙时节的偏工

较广,诸如春种夏收,打碾收场,打庄窠造新房,人们都主动相帮。比如碾场,是一种协作性很强的劳动,一家一户较难完成碾场的繁重农活,而且一个小村一般也只有一个大场,所以全村各家都得轮流偏工。今天这一家,明天那一家,不分贫富贵贱,全村男女劳动力(劳动力缺的只出一个),男女不讲强弱对等,都自动带上连枷、杈子等劳动工具前来帮忙。打连枷算碾场中最重活,两路对面分开,不分男女,都要呼"桩格哇拉达"的劳动号子,节奏感极强。每一对牛或是毛驴拉着碌碡,碾上一阵,就打一次连枷,打完一次连枷,刮上一层草。帮工的都自觉自愿地抢重活干,而且都在自己家里吃饭,东家一般只预备中午饭,或是只备一点茶水,家家如此,不加计较。春耕的时候,也是如此,家伍或是邻里都要互相帮忙,撒籽的、摊粪的、掌犁的、打土块的、耱地的。东家把干粮、馒头、大饼和茶水带到地里,大伙儿在地里吃午饭。种完地,各回各家吃晚

东乡族古老的互助形式——偏工

饭。偏工是古老的互助形式,时至今日,依然沿袭不衰。

贷畜 东乡族邻里或亲友间借牲口使役,这种方式东乡族称之为"贷畜",比如驮粪、犁地、收麦捆子等。借牲畜使役,要提前打个招呼,有牲畜的都不能拒绝,短则一两天,长则三五天,都不要任何形式的报偿,只备草料,不要让牲畜饿坏、累坏。

知识链接 东乡流传着这样一个故事:有一个穷汉,家里连一头毛驴都没有,他想到城里去卖粮食,换回一些日用品,于是就到附近不太亲近的一家富裕户借骡子,主人爽快地答应了,并牵出骡子说,我这骡子你不管驮不驮口袋,来回都得骑上它,这样它才老实。那人牵走了骡子,主人的妻子便发起牢骚来:"你这个人,平时对骡子心疼得要命,你的宝贝儿子在场里溜骡子的当儿,只骑了一会儿,你就把儿子骂了个狗血喷头。现在一个非亲非故的人来借役,你倒好,生怕人家不会使,不管驮不驮东西,来回都骑上,一二百斤的大口袋,再骑上一个,骡子受得了?"骡子的主人却回答:"借走的骡子骑不骑,还由得了主人?我只不过说句宽心话,让他放心使就是了。"这个故事可以说明东乡族人借畜使役,乐于助人的道德风尚。

麦客子 每当夏天麦子熟的时候,东乡族的青壮年,还有出门到外地赶麦场,替人打零工,收庄稼,当麦客子的习惯。当麦

旱作农业技术 ▶

客子主要是到汉族地区，最远的可到陕西关中平原，而后按麦熟的季节推移，依次到陇南、陇东直到河州附近。当麦客子是艰辛的，有一首传统"花儿"这样唱道：

东山的日头背西山，

三伏天，

脊背上晒了个肉卷；

出了远门是拔黄田，

汗淌干，

挣不上两打的麻钱。

现在这种情况已逐步消失了。

农业知识

东乡族人民在长期的生产实践中，根据本地的实际情况，把农业生产和物候，自然现象与气候的关系，归纳总结了很多谚语，一直流传和应用。东乡地区地处山区，气候、物候和作物分布情况各地不尽相同。清明时节，沿黄河、洮河、大夏河的川区已是杨柳吐绿、杏花盛开的春光景色，而在山区则仍是残冬景象。因此农事季节大不一样，川区是"七九麦子八九豆"，而山区是"清明后，快种豆"。

田间科学管理

东乡族现代农业

民族地毯加工

东乡族刺绣

手工业

东乡族的手工业种类较多，有皮毛业、织褐、擀毡、铁制品、石雕、磨坊、银饰、刺绣、炸油坊等等。在东乡族手工业中，以织褐和擀毡最负盛名。

织褐 东乡族把织褐子叫作"木褐他木"。专门织褐的手工业者称作褐匠。织褐子不需要作坊，可以在院子里、场沿上随便支起简陋的织褐架。因此，褐匠不仅可以在自己家里织，也可以串乡走村，哪一家请便到那一家，织褐子的程序一般和北方农村织粗布一样，织褐用的毛线一般是各家各户自己捻的。捻的线，积少成多，挽成疙瘩，留作织褐子用。据老人们说，从清代以来，织褐子就特别盛行。过去，褐子是东乡族农民做衣服的主要原料，颜色有

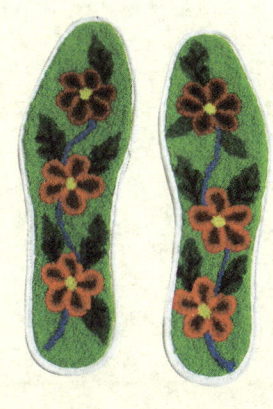

◀ 东乡族刺绣

红、白、黑3种，红褐子不是拿颜色染的。而是浑然天成，是用红羊毛织的。当时，那种红绵羊很多，织成的红褐子也特别受人喜用，织褐子的经线、纬线都是单线。20世纪30年代，东乡族织褐子已普遍用双线，并能在褐子上织出一些美丽的花纹，纬线也由400根增加到800根，有的还可以加到1 200根。

> **知识链接** 捻线的工具叫"木乎斗"，一根竹竿或是筷子下端系一个木制的捻砖，或者干脆用一个小洋芋代替，个个都能制作。捻线的活计，虽则简单，但要心细。上了年岁的人，却喜欢用捻线来排遣寂寞，所以"木乎斗"常是老人们爱不释手的工具，无论在场沿扯闲，还是在山坡上放牧，手从不离捻，"闲坐不如捻线"的俚语便由此而来。

擀毡 擀毡是东乡族的传统工艺，因为山大沟深，海拔2 700多米，毛毡的使用极为普遍，所以擀毡在东乡族中很盛行。特别是东乡族自治县的北岭、大树、龙泉等几个乡，几乎每家每户的男人都会擀毡。东乡的毡种类较多，有春毛毡、沙毡（两年毛制作的）和绵毡等，其中以秋毛毡和绵毡为佳。以大小分，通常有四六毡（宽1.33米，长2米）、五七毡、单人毡、穆斯林做礼拜用的拜毡。以颜色分有白毡、花毡、红毡、瓦青毡（黑白羊毛混合制的）等。用毡还可以制成毡帽、毡鞋、毡鞍鞯等。东乡毛毡以柔软、舒适、匀称、洁净、美观大方、经久耐用而驰誉西北各地。这并非是东乡的羊毛奇特，而是毡匠的手艺精湛。他们的足迹遍及新疆、青海和甘肃的北部草原，为各族人民制作了大量的毛毡。

知识链接 毡匠3件宝，弹弓、竹帘、沙柳条。擀毡时，先把羊毛堆在地上，拌上细土后，用沙柳条狠狠地打一遍，将羊毛上的油污尘垢弄净，然后再把羊毛放在案上，拿弹弓弹松。这弹弓的样子很像一副射箭用的弓，只不过比射箭用的弓要大要长，立起来有两人那么高。弓弦用细牛皮绳做成，绷紧后弹力很大，可以把毛弹得像飞絮，白生生的连一点杂污都看不见，只稍吹一口气，这些飞絮就会像洁白的云彩一样，轻轻地飘起来。

传说东乡族古代英雄米拉尕黑有一张射箭所用的神弓，由于他臂力无穷，骁勇善射，从来身不离箭，手不离弓，即便是剪羊毛、弹羊毛，也将自己的弓带在身边，因而使敌人闻风丧胆，不敢前来侵扰他的部落。天长日久，人们便照他所用的弓，制成了擀毡的弹弓。

当毡匠的确是很苦很累的，洗毡时，先把四块门扇并排放在一起，再把两块大石头衬在一块门扇底下，等帘子里卷着的厚厚一层羊毛变薄以后，再用绳子捆起来，放在木板上，用滚烫开水洗。接着，两个人并排坐在一条凳子上，脱去鞋和袜，一个人抓住绳子一头，用脚踩，手也随着腿的伸屈，把绳子松开、拉紧。污水不时从毡上顺着门扇流下来，毡会越来越白，越来越净，越来越薄。经过这样反复多次地洗刷蹬搓，然后放在板案上，用搓钩揉弄，笔直带棱的四条边才算出来了。"擀毡的把式高不高，就看最后一道道"。揉弄毡边的最后一道工序，是很讲究的，参

东乡族擀毡技艺之毡胚成形 ▶

东乡族擀毡技艺之成品

差不齐的毡边不能用剪刀裁齐,而是全靠手工揉弄。手艺高的,毡边笔直带棱,否则就露出马脚了。所以,出门干毡活,4个人须由一个手艺高的把式带领,擀毡的整个程序须听把式的指挥。请毡匠干活,要用好茶饭招待,一天三顿,不能怠慢。有的毡匠在自己家里擀制,再拿到市场上出售。

东乡族擀毡技艺之洗毡

钉匠 东乡族把那些专以钉补细瓷、银镜的手工业者叫钉匠。过去由于运输不便,瓷器都很珍贵,碗碟和盖碗家什等细瓷破了,都送到钉匠那里钉补。钉匠多以挑担在集市上设点摆摊为业。两个箱子,一根扁担,便可赶集串乡。两个箱子,一面是风箱小火炉,一面是工具箱,装有抽屉,放有工具,金刚钻、小铁锤、小铁钻、小方凳,随时随地便可钉补,钉子是细铜线,一截一厘米,砸成菱形的小钉,用金刚钻在瓷器上钻个小眼以后,用铜钉钉牢,破瓷裂碗,钉补以后,依然是全壁整瓷,完好无损。钉裂镜的钉子和钉碗的一模一样。钉匠除了瓷碗、银镜以外,还修补铜壶、火锅等灶具,钉匠对金刚钻珍惜如命。针尖大的金刚钻稍不留意,丢了,就难以开业了。俗谚说:"没有金刚钻,不揽破家什。"20世纪40年代,从事钉匠行业的,在东乡就有百十家之多。

除以上几种手工业外,还有毛毛匠,专门缝制皮袄的匠人;银匠,制作银首饰的匠人。光绪年间,东乡的一些大一点的集镇上出现了铁匠作坊、染坊等。东乡族很早就开始烧制土盐,在河滩乡、红崖乡、那勒寺乡等地,过去都有生产土盐的匠人。土盐的质量虽不如青海盐,但其价格低廉,东乡族人乐于使用。

东乡族地区的水磨,多设在喇嘛川、唐汪川。此外在那勒寺还有立立磨,立立磨的流水量不太大,一股小溪水,下有一米多深的迭水台就可以安制。立立磨一日一夜能磨粮食1石2斗,水磨能磨2石。清代王咏在《水运磨》一诗中赞颂了东乡水磨制造的巧妙:

磨枕西溪巧制裁,两移巨石自移推。
半由曲艺机关转,多是长河水力催。
渠地时时旋转轴,屋中日日吼春雷。
赞裹造化成功业,些小规模似相才。

东乡的油坊,每年农历七月至十月开工,所用油料为胡麻、芥子、文芥等。每锅须3天,少则榨油140公斤,多则出油600多公斤。

畜牧业

东乡族地区属农本畜牧业,与农业相存相依而不可分。农户饲养的大牲畜,比如牛、马、驴、骡,主要供农业生产上挽役使用,也是驮运和乘骑的工具,而广泛牧养的山绵羊则是东乡族农户的主要副业。养羊,每户养羊数只至数十只,极为普遍。养羊的主要作用有三:一是剪毛,每只每年可剪1公斤

科学养羊

牧羊

毛，主要用于擀毡或织褐子，有余则出售；二是积粪，每只羊每年可积30背斗粪，可上1垧地；三是出售，每只可售七八十元钱。东乡族地区山大沟深，牧坡虽不大，但星罗棋布，牧草虽大，茂密旺盛，但林间和小块草地到处都有，适宜放牧。

东乡大部分地区是合群放牧，一群上百只，不都是自家的，有些是为亲戚朋友放牧的。东乡族所在大部分地区，几乎一半农民家里都有一个牧羊人，或老人或儿童，一般是家庭中的弱劳力。

> **知识链接** 在东乡族中，代牧羊只，有这样一个习俗：如果是1只母羊，两年下两只羊羔，其中1只归代牧人家，两年内所剪的羊毛则全归羊主，因此牧羊人，在合群放牧时，自家尽量多配"骚羊"（种公羊），以吸引别人寄牧。

每当清晨，曙色初透，出了圈的羊群，那咩咩的叫声，最先打破了山村的沉寂，清晨的出牧图，为山村平添了别样情趣。牧羊人自带一把长把子小铲和"矣娄"，"矣娄"是自制的一种甩炮，这种甩炮，一条绳中间缝上一片小布兜，折起来挽在手指上，甩上几圈，"叭"的一声，把绳的一头抛出去，夹在布兜里的土块，可以投掷到很远。甩炮是在大山坡上挡羊拦羊用的，它既可当牧羊鞭，有时还可作防止野兽袭击的武器。由于天长日久的锻炼，牧羊人摔掷的甩炮，命中率相当高。如果遇上野兽，甩炮的小布兜里则装上鸡蛋大的小石头，摔掷出去的小石头，在野兽身上不亚于弩箭上放的箭头。中午，牧羊人自带干粮

东乡族特有的民间乐器——"哔哔"

就餐，或是在洋芋地里捡些洋芋，再捡些树草干枝，在山野里烧"地窠窠"吃，而后拿出东乡特有的民间乐器"哔哔"，吹奏着"花儿"曲调，羊群漫撒在山坡上悠然吃草。日落西山，牧羊人把羊群赶到泉边或溪沟里饮水，而后归牧，赶羊群回家进牧圈。

> **知识链接** 哔哔 两根筷子粗细的竹竿自制的，有4个小孔，拿柳枝做簧片，制作相当简单。

羊圈多建在自己家庄窠后院里，专门为圈羊而盖的简陋房子，或设在黄土崖上挖的大窑洞里。东乡族的住房多为依山而筑，靠崖背的房屋比比皆是，所以挖个窑洞并不算太费劲的事。出牧以后，羊圈每天清扫一次，清扫出来的羊粪蛋，当添炕用的燃料，而后在羊圈里铺上一层晒干的细白土，作为圈肥。

成群结队的羊群

牛、马、驴、骡在夏秋的绿饲料主要是苜蓿和草谷；冬春天，则是铡碎的干草拌麸子和切碎的小洋芋蛋。大忙季节须给大牲口加料，喂尕麻豆。农闲了，特别是夏、秋时节，也在山坡上放牧，晚间，在牲口圈里加一次草料。为了饲养大牲畜，东乡族人家一般都有一亩以上的苜蓿，苜蓿长成以后，每天铲一次，驮回来用铡刀铡碎后作饲料。苜蓿、草谷、燕麦草，晒干保存，以备冬用。许多人家，在收完麦子的地里，种上燕麦，霜降以后，燕麦长成尺把高，就把燕麦拔了，捆成小捆子，摞在房顶上，晒干后留作冬天的青饲料。

东乡族的家禽主要是鸡，"玄鸡"是东乡族养鸡的一种方法。公鸡阉割以后，长得又肥又大，一只玄鸡的肉可达7斤~8斤，有的高达10斤以上。玄鸡羽毛丰满而鲜亮，东乡族喜拿活玄鸡做礼物。定亲、开斋、会官，一对活玄鸡做礼物，可以顶一只小羊，算尽了大礼。所以过去东乡人养玄鸡的很多。

东乡族还有养站羊、站牛的风俗习惯。站羊、站牛一般用来办大事，比如婚丧嫁娶。喂站羊、站牛，一般不让羊、牛活动，拴在圈里，多喂粮食，更不能拉出去放牧。"站"，顾名思义，就是站着不让动。这样，膘长得又快又肥。站羊肉和草膘肉不能同日而语，站羊肉是东乡人宴宾待客的美餐佳肴。东乡的站羊肉，早已驰誉遐迩、闻名陇上了。

交通——"各人的陌各人修"

交通是物质文化的主要特征之一，村庄的方向与交通量如实地反映着一个民族的生活状况。人们为了生活的需要而进行贸易，而交通则是进行贸易必不可少的先决条件。东乡族地区的交通贸易，过去可谓是"风雨萧条"。如果从细若丝线的羊肠小道上，仔细看看这个民族内部与外部之间的联系与来往，确有着一番奇趣。

羊肠小道

东乡地区，数百个大小村落，散布于沟壑纵横的崇山峻岭、深沟旷谷之间。乡村与集镇之间连接狭窄的弯弯山道，常年毛驴、人迹踏开尘土，白光光的，忽上忽下，逶迤曲折，远远看去，在黄土地貌的山势中，恍若一条随风轻拂的丝带，飘飘欲飞。这样的羊肠小道看起来却让人情思翩翩，产生诗意的联想，

山路弯弯

可一旦徒步跋涉，却一步三喘，累得够呛，险得悸心。可东乡族常年行走在这样的山路上，走惯的脚板即便是背负背斗担子也健步如飞，如履平地。

东乡族把山道称作"陌"，陌不仅通向梯田山野，也通向附近四方的集镇，乃至州府省垣。"各人的陌各人修"，这句民谚说明东乡族对陌的重视。修桥铺路，古来皆为许多民族视为行善积好的美德，东乡族也不例外，修路补路常被村人称颂。村人，尤其是老人乐此不疲，不叫苦也不声张，连许多大户人家也愿意捐资修路。20世纪40年代初，东乡沿洮河的阿麻撒村，有个出外当了旅长的人叫马英才，他当了大官不忘幼时放羊登山之艰辛，从宁夏衣锦还乡时，带来一个工兵连，耗资几千银圆，炸开黑石峡的悬崖峭壁，修通了一条几百米长的石板路。从此，过黑石峡再没有人跌下山岩、掉进洮河的伤心事发生了。这件事被故乡传为美谈，赞颂一时。

旧社会东乡仅有一条古代留下来的官道，是河州通往省城兰州的唯一通道。所谓官道也只通行马帮单人，连简便的木轮牛车也无法行驶，这条官道全长50多公里，从东到西，横贯东乡全境，中途没有驿站。嘉庆年间曾在东乡锁南坝（今东乡族自治县县城）设有寨口，由36名清兵把守，过往行旅也都在此地打尖。明清时期的州县地方官到省府述职公干，坐轿子过往东乡，须提前派人给东乡36里（康熙年间以前的行政设置，后改为24会社组织）的里正甲首送信，让其征调民夫，到大夏河渡口的东大坡拉纤。拉纤者，数十个民夫分成几路，用长绳子拴住州官乘坐的轿子，而后用肩膀扣住绳子，蠕蠕爬动。每经一地，各里各甲，另换民夫再行拉纤，直至拉到洮河的唐汪渡口为止。平时这条官道坍塌冲毁，也由各里各甲分段修补。明代曾有一位官员，坐在民夫拉纤的轿子里，路经东乡洞子沟，赋诗咏叹洞子沟之险：

> 今经洞子沟，天险在遐荒；
> 周断天开碧，沟深水滔黄；
> 人从瓮里语，马自邃中翔；
> 却喜山重力，天王守四方。

这位佥事大人摇头晃脑，吟诗感怀山沟之奇险，却哪里知道民夫汗流浃背，赤足踩岩的艰辛。

这条官道也是古代丝绸之路南路的必经之地。西安——兰州——河州，再经黄河临津渡口西达西宁之北，翻越祁连山通往河西走廊。明代，离东乡地界数十里之遥的河州卫设茶马贸易互市，这条官道上更是商贾如流。东乡的商贩山民也利用这条官道走府串县，东走陕西汉中，南下四川马尔康、西闯青海甘南藏区，直至口外新疆，贩运马匹、茶叶、食盐、褐子，为各民族之间的贸易互市作过贡献。东乡一句民谣说："马上乏，轿子上困，担担子越担越有劲。"是的，骑在马上的巨商富户，在旅途的颠簸中提不起精神，散了骨架；坐在轿子里的达官贵人不察民生多艰，却一日来思骄奢淫逸，自然也东摇西晃地昏昏欲睡，而负重挑担子的山民，却用有力的赤脚板，一步步缩短了遥远而又艰难的路程，把生活的希冀系于淋漓汗水中，一路挑着担子，一路漫起"花儿"：

通往山外的小路

一溜儿山，

两溜儿山，

三呀溜溜儿山，

身上的泼土脸上的汗，

脚户哥下了趟四川。

这首传统"花儿"唱了多少代，东乡族人就在这崎岖的山道上走了多少代。直到新中国成立以后，羊肠小道一改旧颜。现在东乡地区，乡乡村村都通了公路，临巴公路、刘唐公路等柏油路横贯东乡全境，东乡族挑担子、赶毛驴当脚户、爬山道已成为过去。

羊皮筏子

东乡族生活的地区三面环水。黄河、洮河、大夏河在周围绕流,因此渡口颇多。新中国成立前很少有渡桥,行人全靠木船和羊皮筏子渡河。据记载,当时东乡境内在黄河上的渡口有黑城渡、盐场渡、红崖渡、他家渡;洮河上的渡口有马巷渡口、红柳滩渡口、野松达板渡口等。据统计,到解放初期,在沿黄河、洮河、大夏河一带的东乡族中从事撑筏子的很多。红泥滩有230户,达板有310户,陈家有80户,黑石山有42户,红庄有48户,唐汪川有200户,喇嘛川有100户,总共有千余户。

羊皮筏子

集市贸易

集市

东乡族地区,人们互相间进行贸易,自然离不开集市。集市,在清代已有锁南集、尕扎大坝集、唐汪集、汪家集、那勒寺集、辛同集等6个集市。民国时增加的有也松大板集(每月逢3、6、10为集日),平善集(每月逢3、6、9为集日),河滩乡的尕麻集、凤山乡的赤斯拉务集、红泥滩集、红崖子集等6个集市。此外,唐汪集后来又分为唐家集、汪家集。

锁南坝集规模最大,分为粮食市、山货市、柴草市、骡马市、羊市、青禾瓜果市、羊毛市和毡市。每逢集日,四山八岭,七沟九梁的弯弯山道上,马嘶人叫,肩挑驴驮,摩肩接踵,人们忙忙碌碌地去赶集卖货买货,特别是秋收后及羊毛收下时,最为红火热闹。

集市上琳琅满目的商品

　　集市上，商品多为生活必需品及本地手工业产品。河州商人到东乡卖菜，永靖、康乐县的商人来采购麻鞋、麻口袋等，和政县商人来卖树条编制的背斗、簸箕、耧、筛子、席子等。㠄县的铁铧，西安的铁锅，阿干镇的砂锅、沙罐以及外地的布匹、茶叶、灰碱等是集市上最重要的商品。东乡族主要输出的有毛毡、羊皮、褐子、粮食、洋芋等其他副产品，还有冬花、狼毒、干草等药材。

　　集市上有饭铺、客店、布店。锁南集市民国初年还有3家当铺，其中除客店及一家大户人家开设的布店经常营业外，其余皆在逢集时摆摊营业，平时务农。

　　集市交易多以货币购买，民国初年使用银子、麻钱。在东乡，两串麻钱等于一两银子。民国初年大量铜圆出现于东乡，10个麻钱换1个铜圆。此时银子、铜圆、麻钱并用；后期开始用银圆，每枚银圆合银7钱2分；再后来使用纸币，纸币常变，山民说："乡里人吃的死亏。"

　　集市上也有以物换物的古老的交易方式，如蔬菜换粮食，羊只换布匹等。物物交换多在大体折价对等下进行，不逢集日，有货郎担，敲着巴郎鼓，四处串乡走村，多以兜售针头线脑等物，光顾的多是不出远门的妇女，手头一时无钱，多拿麦子换货。一枚针也要拿三四碗麦子去换。

　　集市上，过去多不用秤，粮食论升、斗，有大升、小升。柴炭

第六章　生产及贸易

东乡族自治县大街

论担或筐，水果蔬菜论堆，洋芋论口袋。粮食市场有斗行，牲畜市场有牙行，为买卖双方公平论价，进行评议，而后自己抽点好处费。

东乡族集市都是午市，上午10点到下午四五点。赶集人早出晚归，当日赶回家中。集市上的铺面、摊点都在路两边，粮市、牲口市多设在附近的空场里。锁南集市在20世纪二三十年代，尚有两层木楼，沿街延伸一里多长，上一层住人，下层开铺面，还有三四家车马大店，专供远方来的买卖人歇宿。

东乡族传统方式赶脚

脚户哥

东乡族人，过去多利用牲口作生意，贩卖商品，叫作脚户哥，脚户哥数量很大，从事远距离贩远，一般路线是：

1. 兰州（盐）——→阶州（犁铧）——→东乡

2. 兰州（盐）——→汉中（纸、漆、铁器、茶）——→东乡

3. 东乡（羊皮）——→松潘（茶）——→东乡

这些脚户哥因路远，需要

大本钱，所以一般都与临夏商店建有联系。如有些脚户哥，将货物运到临夏后，托商店代卖，每售货100元，店主抽得四成，称之为接营。一般脚户家中也有土地，但自己不从事家中的主要农业劳动。脚户也包括那些专以挑担贩运的小贩。

　　这些含辛茹苦，一路餐风饮露的脚户哥常年奔波于外地府县和东乡各个集市上，活跃了交易活动。《导河县志》记载："东乡多商贩。"实际情况确实如此。东乡人有一条小毛驴或可备一点小本钱者，农闲时皆外出做生意。原因有二：一、东乡族地区土地贫瘠、产量低，仅靠农业生产，不能维持全年生活，所以多以外出负贩，以弥补生活费用之不足。二、东乡所需之铁锅、铁铧、瓦罐、布匹、蔬菜等，本地不产，必须由外输入，而本地产的鸡蛋、羊毛、羊皮等土特产一大半部分需要外销，有很多人从事脚户这种交换活动。

▲ 多样化的出行方式

▼ 现代"脚户哥"

第六章　生产及贸易　109

脚户哥出远门也有一些禁忌，半夜要洗大净，认为不带大净出门，路上凶多吉少，"伊比利斯"（魔鬼）会时时搅扰。天蒙蒙亮就要启程，刚出门最忌见赶着毛驴驮着空水桶的妇女，空水桶表示空空如也，不吉祥，预示这一趟脚户或担挑子无利可图，空跑一趟。若碰上满水桶，则非常高兴，以为是好兆头，一路顺利。

重商乐业

东乡族历来有重商的传统，这和伊斯兰教的文化观念紧密相连。东乡族人自称"萨尔塔"，这一词的概念，最初也和商业有关，亦指商人，商队头领。从古至今，漫漫丝绸之路和青藏高原的茶马古道上，从来就不乏东乡族人的行商贩夫脚户哥。明代《河州志》上都有"东乡多贩夫"的记载，东乡族聚居的许多地方，至今还有近20多个"窝拖""科托""斡脱""库托"等地名。而这"斡脱"一词，在《元代秘史》中专指那些由官方提供资金，服务于管家和贵族的商人，有专门的管理机构，经商者也

热闹的集镇贸易

多为穆斯林,由此可见,古代东乡族的商业活动十分活跃。到了近代,客观上东乡族地区土地贫瘠,干旱少雨,农业歉收,为了维持生计、养家糊口,在十分恶劣艰苦的自然环境中,东乡族以吃大苦耐大劳的韧劲和顽强不屈的民族性格,不畏艰难困苦,走出大山闯荡四方,因而形成了浓郁的经商传统。东乡族商人经营的范围广泛,经济和职业结构多元化,涵盖皮毛贩运、擀毡织褐、牛羊屠宰、清真餐饮、建筑运输、修桥筑路、建房盖楼等许多行业。

牛羊屠宰,皮毛贩运业 一点不夸张地说,牛羊屠宰和皮毛贩运是东乡族人十分擅长的手艺之一,可以说在东乡族商业经济中占有很重要的地位。东乡族的牛羊屠宰、皮毛加工历史悠久,这也和先民们在中亚广袤的草原上的祖业有关。在遥远的年代,是"萨尔塔"先民们把这种生产生活手艺带到东乡,伴随着民族的迁徙、形成,繁衍、生息和发展,穿越元、明、清数百年,直到近代,这一行当在东乡族中更加兴盛。在甘肃、青海、宁夏、新疆等地到处都活跃着东乡族商人,他们收购、屠宰牛羊,加工贩卖皮毛。

在甘肃省城兰州,最初,牛羊肉屠宰业是由当地的回族人经营,随着改革开放的大潮,东乡族人大量进城,很快,东乡族人就占据了这一行业的绝对优势,逐渐形成了一枝独秀的老大之势。近些年来,随着人们生活水平的提高,对牛羊肉的需求增

锁南坝现代化养殖业

热闹的羊市

大，促使了这一行业的发展，七里河区清真牛羊肉批发市场，是目前兰州最大的清真屠宰点。这个屠宰点是由东乡族企业家建设并管理，整个兰州市的每个街道、市场、小区的清真牛羊肉，基本上都来自该牛羊肉批发市场，从业人员达数千人。在工林路"鸽子"市场，大大小小的店铺上百个，其中东乡族经营户多占一半以上，仅这一市场内部就有四五百个东乡族人，兰州清真牛羊肉的东乡族经营者，遍布整个城市的各个街道市场，据不完全统计，东乡族经营者足有千人以上。

临夏回族自治州最大的皮毛聚散市场是由东乡族人经营管理。青海许多地方的皮毛市场，东乡族人占1/3，年吞吐牛羊皮30万张。

清真餐饮 东乡族是全民信仰伊斯兰教的少数民族，严格遵守清真饮食习俗，并结合东乡族地方物产，形成了极具民族特色的清真饮食文化，这也是东乡族商人的重要的经营方式，大、中、小店面异彩纷呈，大到高档豪华的大饭店，小到沿街摆摊的小摊小商，已成大小搭配立体型的东乡族餐饮业格局。

在兰州街头，随处可见东乡族的小摊贩，卖煮苞谷、凉粉、酿皮子、时令水果、茶叶干果、烤羊肉等等，他们以诚信经商的理念，义利相济的经商文化，以独特的和鲜明的民族特色的佳肴美食、风味小吃，赢得了各族人民的信任。东乡手抓羊肉、东乡土豆片、东乡油炸酥馓，东乡麦肉汤、东乡琼锅馍以及酸菜搅团、旗花面、豆面康康、杂粮饼等等形成了其独特的菜谱。

清真饮食文化的丰富与发展加速了东乡族在国内外饮食文化的传播与交流。在2000年全国第二届中华著名小吃大赛活动中，东乡族马忠华在兰州开设的"忠华穆斯林饭店"，获得"甘肃省十佳饭店"和"甘肃名小吃"的称号。目前，在兰州，忠华、唐汪、尕努、天龙、大唐宫、老东乡、柏林等星罗棋布的大小清真餐厅，均以"东乡手抓"这一民族餐饮品牌而享誉大西北，并逐渐走向全国。马尤瓦等企业家已经把自己的餐饮业开到沙特、阿联酋、科威特等国家和地区，有的东乡族餐饮业已漂洋过海开到美国。

东乡族手抓羊肉

牛肉拉面技能培训

第七章
崇尚文明
兴学重教

新中国成立以来,东乡族文化教育逐渐发展。校舍、学生数量成倍增长,相关辅助设施逐步健全、政策法规逐步完善。东乡族民族教育的蓬勃发展,为民族事业振兴,提供了有力的保障。

清代义学设立与人才培养

东乡族是一个崇尚文明,兴学重教的民族。过去,东乡族一些青少年,除了从小在清真寺当"满拉",学阿拉伯文、波斯文之外,别无学习机会。自清代义学设立,东乡始有部分富家子弟到河州求学,学习汉文、汉语。1705年,知州王全臣所办的社学中已有东乡族子弟。道光年间,东乡设立锁南坝义学、长川里义学和洪济桥义学。1902年春,东乡设立扎木池敦德义学、杨妥家正兴义学、平善集慎修义学、新同集敦睦义学、唐汪川养正义学和经正义学、喇嘛川新德义学。各义学有先生一人,学生数十人,或十几人,以《三字经》《百家姓》、四书五经为主要课程。这些义学先后培养出了一批举人、秀才和学者,为东乡族教育的初期萌兴做出了一定的贡献。光绪年间,东乡那勒寺的平善集慎修义学培养出了东乡族唯一的一位武举人——马忠,人称"三甲阿爷"。自咸丰年间之后,东乡族又出了几个有功名的学子,如唐汪川的张拱辰,咸丰乙未科举人;唐汪川唐隶华,同治乙亥科秀才,与其同村的唐焕章,是光绪乙亥科秀才;大阪科托村的马会三,也是清末贡生。

东乡族双语教材

民国时期新式学校

进入民国时期,教育制度有了重大改革,所有义学一律改为学校,经科一律废止,允许男女同校。东乡地区相继设立了一批新式小学,其中高级小学3所,即唐汪第一高级小学、锁南坝第二高级小学、红崖高级小学;初级小学13所,即风山、汪集、红庄、百和牙沟、达板空、果园、李家坪、三合、张家等,还有"保国民"学校。这一时期,涌现出一批热心教育、积极倡导创办学校的有识之士。

1913年,导河县(今临夏县)回教教育促进会会长马璘(东乡族),联络东乡族上层人士杨继举办宣讲所、崇俭社,倡导群众读书识字,并提出"民族昌盛,文化为先"的口号。

1930年,时任临夏警备司令的马维良(东乡族),因热心教育,把历朝作为官员"养廉银"的东校场20垧地捐给教育事业,被推选为临夏回民教育促进会会长。省政府授予他"热心教育"匾额。

"唐汪精神"开先河

新中国成立后,随着东乡族自治县的成立,教育事业开始进入新的发展时期,特别是改革开放以来,更是日新月异。到20世纪80年代中期,全县中小学发展到130所,在校生达到9 800名,入学率达到45%。

改革开放以来,东乡族一批宗教上层人士大办公益事业,出资修公路,办学校。1984年,北庄门宦教主马进城捐出自己的承包地,并拿出5 000元修建了北庄小学,为群众解决了就近上学难的问题,也为群众支持教育事业开了个好头。随后,大湾头门宦教长张明义拿出自己11亩承包地兑换出村边的4亩地皮,又出资修建了大湾头小学。20世纪80年代末,胡门门宦教主马国泰提出"要修建学校,根治睁眼瞎"的倡议,集资7万元修建了红柳小学。

1985年以来，在州、县政府大力倡导的"人民教育人民办，办好教育为人民"精神的感召下，东乡族人民发起了一场声势浩大的集资办学热潮。

1988年唐汪乡唐家、胡浪等五个村的群众自发捐献个人承包地10.3亩，集资20.13万元，在唐汪回民小学建成了一座高3层、面积2 300余平方米的多功能综合教学楼，基本解决了唐汪回民小学校舍不足的困难。1988年10月15日，甘肃省人民政府在东乡县唐汪回民小学召开了全省捐资办学现场会，全省14个地、州、市的分管领导和教育部门负责人参加了会议。会上，甘肃省副省长刘恕把当地群众不等不靠、自力更生集资兴办教育的精神称为"唐汪精神"。对在教学楼建设中做出突出贡献的汪玉峰、唐士德等先进个人进行了表彰奖励，州政府为他们颁发了由州长题名的木制金匾。会议召开后的短短一年内，全县很快涌现出了11位受到甘肃省政府嘉奖的"捐资助学"先进人物。"唐汪精神"像一把火炬点燃了群众集资助教的熊熊火焰。

1992年，唐汪乡广大群众又捐资24万元，加上国家投资的13万元，率先在全县建起了第一座中学教学大楼，基本解决了附近1 000多名学生入学难的问题。

1995年，唐汪各族、各界人士又一次性捐资18万元，第一个在全县设立教育奖励基金。"唐汪精神"极大地推动了东乡县社会办学的发展进程，它的产生不仅带动了全县一大部分学校校园面貌的变化，更重要的是更新了县内其他地方干部群众尊师重教的理念。全县积极学习"唐汪精神"，社会各界出钱、出力，兴办教育，为全州乃至全省开创了走集资办学，大力改善办学条件道路的先河。

在"唐汪精神"的感召下，河滩乡也掀起了捐资助学的高潮，全乡各界人士先后捐资100多万元，陆续建成了汪胡、小庄、韩杨、孙咀、祁杨等小学。

东乡族自治县东乡族幼儿学前教育

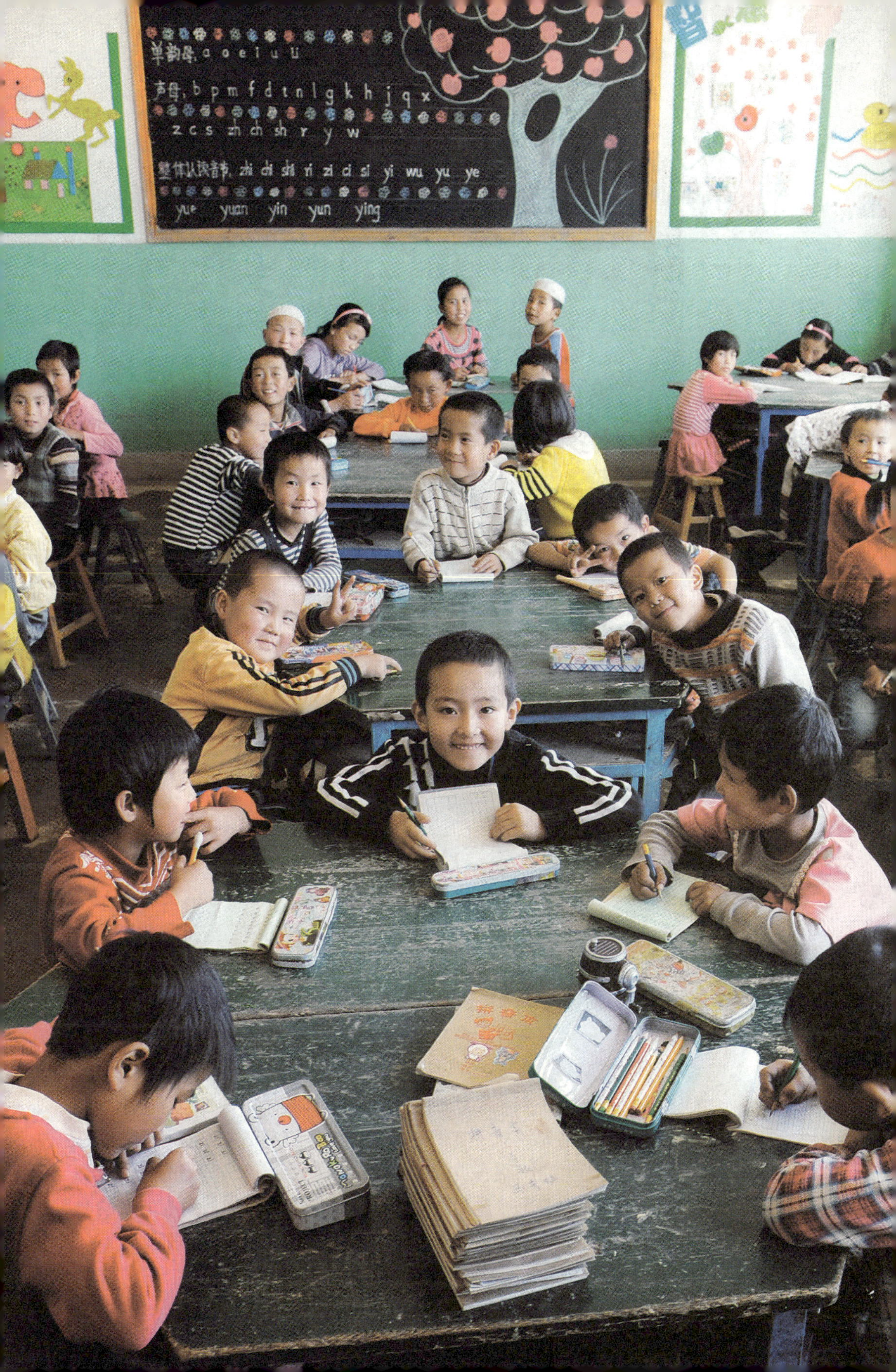
单韵母，a o e i u ü
声母，b p m f d t n l g k h j q x
z c s zh ch sh r y w
整体认读音节，zhi chi shi ri zi ci si yi wu yu ye
yue yuan yin yun ying

东乡族自治县锁南民族中心小学

助学基金薪火相传

面对许多优秀学子因贫困而上不起学的问题,经过县政府认真讨论研究,决定成立全县大中专贫困生救助基金会。2002年6月5日,对千百个寒窗苦读的东乡学子来说,是一个值得铭记的日子。这一天,来自东乡县内外工商界、宗教界的有识之士和广大干部群众,为了那些已经考上大学且品学兼优的东乡贫困学子,同时更为了东乡民族的未来,慷慨解囊,一次性捐款351万元,在临夏率先设立了贫困生救助基金。已有264名考入省内外大学的贫困生和63名孤儿得到了及时救助。当许多贫困的大学生用他们颤抖的双手接过那凝结着全县干部群众沉甸甸爱心的救助金时,一个个热泪盈眶,决心学好科学文化知识以报效国家。

这种爱心捐助行动的意义还远远不止在物质和金钱的援助上，更重要的还在于精神的鼓励和鞭策。他们的善举必将载入东乡教育发展的史册，薪火相传，永久传唱。

"百年大计，教育为本"。东乡县历届县委、县政府始终把发展教育作为治穷治愚、推进东乡文明的战略重点来抓，在贯彻落实《义务教育法》的同时，根据东乡县的实际，制定颁布了《东乡族自治县教育条例》，全面推进依法治教的进程。从1999年开始，每年财政拨款18万元，专门解决女童和贫困儿童的学杂费和课本费，提高了女童入学率。2002年，东乡县向全县中小学发放救助金39.08万元，对10 718名贫困学生进行了不同程度的救助。

现在，在全县范围内，浓厚的社会教育氛围正逐步形成，一个党委政府重视教育，社会各界关心支持教育，教育部门狠抓学校管理的良好格局日趋完善。

国家投入促发展

在东乡民族自力更生办民族教育的过程中，党和国家也及时地对东乡地区基础教育发展给予了很大的关注和支持。

义务教育工程

从1998年开始，先后实施了新中国成立以来投资规模最大的教育项目——国家一、二期贫困地区义务教育工程项目。其中"一期义教"工程项目，累计投资1 300万元，新建、改建学校46所；"二期义教"项目投资1 256万元，以东乡民族中学教学实验综合楼为主要建设项目的6栋教学楼也于2003年秋季全部竣工。"义教"项目的实施，使全县中小学办学条件在群众集资办学的基础上又有了一次质的飞跃。2000年，东乡县开始实施投资总额达2 085.6万元的包括土建、师资培训、桌凳教学仪器配备、校本课程开发、学校发展计划制定为内容的中/英甘肃基础教育项目。项目实施近四年来，先后新建、改扩建高标准、高质量的山区小学57所，累计培训教师3 600人次，配发图书23万余册、课桌凳

锁南中学

5 810套、篮球架127副、太阳灶336副、火炉581套,救助贫困中小学生2.04万人次,发放救助金65万元。中/英项目的实施,不但极大地改善了涉及县内许多偏远山区的学校的教学条件,更为可喜的是在项目实施期间,许多中外专家为全县中小学课堂带来了全新的"参与式"教学理念,为整体提升全县中小学课堂教育水平,注入了新鲜血液,使东乡民族教育发生了前所未有的变化。

教育扶贫工程

　　1998—2000年,国家计委教育扶贫工程项目陆续在东乡投资250万元,先后修建了汪集、东塬、那勒寺、龙泉等4栋山区中心小学教学楼。自1998年以来,还先后争取到希望工程、世界宣明会等慈善机构和中国日报社、兰州晨报社、省扶贫办、州计委等省内外单位及个人援助教育资金1 000多万元,先后修建了沿岭中报学校、龙泉荒山学校、龙泉周牙学校、五家奴土坪学校、东塬满三学校、汪集何家学校、锁南坝高门学校、那勒寺沟沿学校等32所学校,解决了5 700名适龄儿童入学难的问题。

　　自1998年以来,全县在教育方面共投入资金5 366万元,累计新建、改扩建学校126所,建设改造校舍面积96 544.5平方米,使危房率下降到5.6%。大部分学校都配备了电脑等教学设备,办学条件得到显著改善。

　　多年来,随着历届东乡县委、县政府和社会各界对教育工作认识的不断加深及"长效工程"的持续实施,全县201所学校全

东乡族双语教学

部得到不同程度的建设改造,终于圆了东乡民族盼望在家门口上学的梦想。现在,只要你踏进东乡,就会看到学校周边满山遍野的山花朵朵,人像希望的花朵,星罗棋布地点缀在大山深处,那新修的教学楼和一排排崭新的砖木结构校舍,向人们诉说着希望和未来。

教育规模与现状

近年来,东乡县中小学教学质量开始大面积稳步提高,中小学在校学生数、入学率大幅度增长,升入高等院校的学生逐年增多。2002年,东乡县有3名学生进入临夏州文理科前20名,创造了当时东乡高考历史上的最好成绩,首次有东乡学生步入北京大学、兰州大学等全国重点院校之门,全县各族干部群众重视教育、关心教育、参与教育的积极性空前高涨。

东乡民族教育经过近50多年的坎坷发展,一个粗具规模的东乡民族教育发展体系逐步形成。2005年底,全县各级各类学校达206所,其中中学7所,小学196所,幼儿园2所,师范1所,在

教育要面向现代化，面向世界，面向未来

校学生达39 712人，教师2 361人，适龄儿童入学人数为32 196人，入学率为96.9%。

这些年，东乡县切实把发展教育事业作为促进经济社会发展的头等大事，并取得了显著成效，实现了四个方面的突破：

一是思想认识有了新突破。全县上下牢固树立教育优先发展的理念，确立并实施了"教育立县"战略，制定了《全力实施"两基"攻坚，全面促进教育事业发展的意见》，发展教育事业的信心和雄心空前高涨。社会各界一次性为教育事业捐资达500多万元。

二是工作机制有了新突破。加强了对教育工作的领导，进一步明确落实了教育"四率"目标管理责任制，许多乡镇顺利通过"普九"验收。全县小学适龄儿童入学率上升到97.8%，其中女童入学率为95.3%，初中入学率为50.4%，巩固率为98.6%。

三是硬件建设有了新突破。11所农村寄宿制中学全部竣工并投入使用,改扩建学校25所,19所学校开办了学生食堂,4所中学安装了供暖设施,远程教育项目正在实施,办学条件得到空前改善。

四是队伍建设有了新突破。通过分配和特设岗位新增加教师240名,考试清退代课教师100名。全县教师在县内外培训、考察、学习共2 500多人次。2007年以来,全县高考本科上线人数逐年增多。

十年树木,百年树人。在党的民族政策光辉照耀下,现在东乡族中各类技术教育人才茁壮成长,目前,不仅有了本民族大批的农、林、木、工的工程技术人员和中小学教师,而且在省城兰州的大专院校里,具有教授职称的高级人才也不断涌现。

第八章
民族区域自治

　　民族区域自治是建设中国特色社会主义政治的重要内容,增强了中华民族的凝聚力。

　　素有"陇上明珠"之称的东乡族自治县,经过三年的灾后重建,一个充满生机与活力,功能齐全,具有浓郁特色的民族新城在废墟中崛起。

　　东乡人民经过不断努力,以实际行动绘制出了一幅波澜壮阔的发展画卷,并用重建的丰硕成果唱颂了对党和各族人民的感恩之歌。

东乡族自治县

一唱雄鸡天下白，1949年8月22日，人民解放军第一野战军第一兵团分兵两路进入东乡山区。南路从广河的太子寺出发，翻越石娜努山，跨那勒斯进妥家沟，抵达锁南坝。东路从原洮沙县北崖渡洮河，进入唐汪川。锁南坝和唐汪川的各族人民以东乡族最隆重的"多斯呼节烈"的习俗，拉着披红绸挽成的双礼羊，兴高采烈地出村迎接。东乡族山区先于省会兰州，提前得到解放。

同年9月29日，中国人民政治协商会议通过的《中国人民政治协商会议共同纲领》第五十一条指出："各少数民族聚居的地方，应实行民族区域自治，按照民族聚居的人口多少和区域的大小，分别建立各种自治机构。"随着解放军的到来，中共东乡工委从建立之日起，就努力贯彻党的民族政策和积极执行《共同纲领》的规定，按照东乡族人民的意愿，领导和帮助东乡族人民实行民族区域自治。

1950年5月12日，在中共临夏地委和临夏专署的统一领导下，由中共东乡工委主持，开展了卓有成效的工作。召开了东乡各族各界代表会议。参加会议的有临夏、和政、宁定（今广河）、永靖4县的党政负责人以及4个县边界交错地带的各界代

东乡族自治县街区景观

祁家黄河大桥

表，会议确定了成立东乡族自治区（县级）合并区域的基本原则，在酝酿协商一致的基础上，产生了东乡自治区（县级）筹备委员会。在筹委会的具体组织下，大批干部深入农村，广泛深入地开展党的民族政策教育，各兄弟县区对此给予了热情的支持，派出干部，进行宣传，酝酿讨论，充分发扬民主，坚持群众自愿，决定了各县应划出合并为东乡自治区的区域。经过三个月的细致工作，顺利解决了东乡族聚居区分而治之的历史遗留问题。以原临夏县东二区为基础，宁定县以北山山梁为分界线，平善、罗牟区所辖各乡划归东乡自治区；永靖县将黄河以南、大夏河以东一带划归东乡自治区。此后不久，应自治区毗邻交错居住的和政县百和乡、启明区的东乡族人民划入自治区的要求，自治区政府当即接受了这一要求。各兄弟县、区在移交户口、人数、地亩时把在当地区、乡工作的干部同时移交过来。在当时各县都缺少干部的情况下，这是对东乡族自治区工作的最有力的支援。

1950年9月25日，东乡族自治区各族各界代表大会胜利闭幕，正式宣布东乡族自治区成立。出席这次大会的代表共有110人，其中东乡族96人，回族2人，汉族12人。会议选举产生了自治区领导人，主席马绍武，副主席马绍文、马国汉。从此，东乡族在我国多民族大家庭中，享受着民族区域自治的权利，和各兄弟民族一同走上了共同繁荣发展的道路。同年底，东乡族自治区

东乡族自治县民俗一条街

共辖7个区,31个乡,101个行政村,440个自然村,16 400户,98 600人,其中东乡族78 700人。

1953年12月东乡自治区改名为"东乡族自治县",1955年根据《中华人民共和国宪法》规定改名为"东乡族自治县"。

1983年6—7月,根据宪法和中央关于政社分开的指示,全县进行了对人民公社体制的改革,改社为乡,建立了乡党委、乡政府、乡经济管理委员会。

随着民族区域自治政策的贯彻落实和少数民族干部队伍的不断发展壮大,东乡族自治县自治机构大都以本民族为主体,联合其他兄弟民族,组成了人民政权机构;大批少数民族干部担任了县长、乡长和各科室负责人,保障了自治民族管理地方事务的平等权利。从自治县历届人民代表大会的代表所占比例来看,从第一届到第十五届,东乡族代表基本保持在75%左右,这完全保证了自治县人民代表大会中东乡族代表与本民族人口比例基本相符的要求,同时也保证了自治县的其他民族都有本民族代表。自治县人民政府历届县长都由东乡族公民担任,还有自治县法院院长、检察院检察长都由少数民族担任,充分体现了民族自治地方的自主权。

东乡族自治县成立以来,1953—2009年先后进行了10次普选。在1981年的普选中,根据五届全国人大二次会议制定的《中华人民共和国选举法》《中华人民共和国地方组织法》的规定,

◂ 东乡族自治县农家书屋

◂ 东乡族自治县敬老院

县、乡两级人民代表实行了直接选举。为了使东乡各族人民广泛行使选举权和被选举权,考虑到自治县境内沟壑纵横交错,山大沟深,地域辽阔,居住分散的特点,从实际出发,广设选民投票站284个,每个投票站按实际需要,设置流动投票箱,采取走村串户的办法,深入田间地头,给选民投票提供便利。

东乡族自治县历届人民代表大会,保持了东乡族代表占多数,体现了自治县主体民族的地位,也保障了自治县境内其他民族均有适当名额的代表。以东乡族自治县第十五届人民代表大会为例,共选举代表177人,其中东乡族代表141人,占79.66%;回族代表14人,占7.91%;汉族代表22人,占12.43%。

东乡族自治县人民代表大会是人民行使自治地方权力的机构。东乡族自治县成立以来,共召开了16届人民代表大会,在历届人民代表大会上,听取和审议决定自治县的财政预算执行情况和预算(草案)的报告;审议决定国民经济和社会发展计划;听取、审议并批准自治县人民政府和法院、检察院的报告,选举产生各届政府机关领导人员,体现了自治县的各族人民真正成为自治地方的主人,享有充分的民主。

积石山保安族东乡族撒拉族自治县

1980年6月,经国务院批准成立积石山保安族东乡族撒拉族自治县。同年8月建立积石山自治县筹备委员会,开始筹建工作。1981年5月20—25日,召开了积石山保安族东乡族撒拉族自治县第一届人民代表大会,在149名代表名额中,东乡族代表就有13人。选举产生了自治县人大常委会和人民政府。东乡族代表妥文胜,当选为积石山县第一届县人大常委会主任。同年9月30日,隆重召开了庆祝自治县成立大会。1990年,全县共设17个乡,1个镇,145个村民委员会和1个居民委员会;有人口194 402人,其中东乡族14 800人。

▲ 积石山鲁班石

▶ 积石山县城街景

◀ 积石民俗村

积石山自治县成立至今，已召开9届人民代表大会，在历届人民代表大会上，保持了少数民族代表的多数，特别是东乡族、撒拉族的代表保持了较高的比例。在第七届积石山县人民代表大会第一次会议时，共有代表170人，其中东乡族代表就有29名，自治县各级行政部门都配备有东乡族的干部。

▲

马家窑出土文物"彩陶之王"——涡纹彩陶罐

民族乡

在推行民族区域自治的同时，还先后建立了临夏县安家坡东乡族乡、临夏县井沟东乡族乡、和政县梁家寺东乡族乡、广河县阿力麻土东乡族乡、玉门市小金湾东乡族乡等民族乡。

临夏县安家坡东乡族乡

该乡最早成立于1953年，最早称安家坡东乡自治区，翌年改名为"安家坡东乡族乡"。1958年成立人民公社，实行政社合一后撤销乡的建制，1985年，恢复成立安家坡东乡族乡。该乡总面积

◀ 安家坡乡村公路建设

158平方公里，有耕地10 149亩，人均占有0.94亩。现辖4个行政村，50个合作社，共10 937人，其中东乡族占总人口的45.1%。

井沟东乡族乡

临夏回族自治县傅家东乡自治区（乡级），成立于1952年，1954年改称傅家东乡族乡。1958年实现人民公社化之后，撤销乡的建制。1985年9月，在原傅家东乡族乡的基础上，成立井沟东乡族乡。该乡总面积为64平方公里，现辖13个行政村，有18 691人。其中东乡族9 312人，占49.82%。

梁家寺东乡族乡

和政县梁家寺于1953年设东乡自治区（乡级），翌年改称梁家寺民族乡，1958年实现人民公社化之后，撤销乡的建制成立梁家寺公社，1983年恢复成立梁家寺东乡族乡。该乡总面积368平方公里，现辖8个行政村，有13 435人，其中东乡族占96.5%。

梁家寺东乡族学校

阿力麻土东乡族乡

广河县阿力麻土东乡自治区（乡级）成立于1953年，1954年改为阿力麻土民族乡，1958年的建制被人民公社取代，1981年恢复成立阿力麻土东乡族乡。该乡总面积34平方公里，现辖6个行政村，有1.1万人，其中东乡族占84.3%。

小金湾东乡族乡

该乡是1990年经国务院批准，由甘肃省"两西"农业建设指挥部负责实施的少数民族移民基地，1990年开始移民，1996年移交玉门市管理。小金湾东乡族乡是酒泉市所属玉门市（县级）的移民乡和东乡族聚居区。该乡位于祁连山北麓，玉门市以北62公里的花海盆地东南角，总面积22.4平方公里，现辖5个

玉门市小金湾民族学校

行政村，30个村民小组，乡镇总户数968户，总人口5 103人，其中99%为东乡族。小金湾东乡族乡，地势平坦，光热资源丰富，昼夜温差大，棉花和畜牧业为全乡的主导产业。

小金湾东乡族乡

独山子东乡族乡

2008年10月20日，玉门市独山子东乡族乡人民政府正式挂牌成立。该乡是根据甘肃省疏勒河项目工程总体规划，由省农垦疏勒河建设指挥部2004年开始实施，经过4年的开发建设，安置东乡县东乡族移民1 823户，8 372人口。2005年初，省民政厅批复成立玉门市独山子乡人民政府，

玉门市独山子民族学校

2008年由省疏勒河管理局正式移交玉门市管理，成立了东乡族乡。

腰站子东乡族乡

腰站子相传为古代漫长的丝绸之路上的一个驿站，古时候人们的交通运输都是沿着水草茂盛，有绿洲的地方通行，中间休整、停留的地方称腰站子，故沿袭相传叫腰站子。兰新铁路横穿乡境。1980年经甘肃省"两西"建设指挥部批准筹建腰站子移民基地，1987年成立移民基地，1990年成立腰站子乡筹建领导小组，1996年挂牌成立腰站子乡。2007年瓜州县腰站子乡改为腰站子东乡族乡。该乡总面积1 895平方公里，人口3 969人，现辖4个行政村。

七墩回族东乡族乡

这是一个疏勒河项目的移民乡。现辖3个行政村，总人口4 067人。2005年，七墩回族东乡族乡正式移交瓜州县管理后，完成了特色种植500亩，农业科技百亩连片示范点一个，落实了人工试种中药材、特色试种和立体套种技术，全乡平均亩产150公斤，为了改善生态环境，截至2007年，累计完成绿色通道5公里，千米以上农田防护林25公里，育苗100多亩，退耕还林续建、补植4 184亩，树木成活率、病虫害防治率均达到95%以上。

另外，前些年，在武威市的古浪县也有较多的东乡族移民，被集中安置在该县的大靖镇、海子滩镇、直滩乡等地，有1 056

七墩回族东乡族乡

人，划拨的土地5 600多亩。这些东乡族村落均坐落于古浪县景电二期工程黄河水灌溉区。

在新疆、宁夏、青海等地也有东乡族聚居区，在宁夏回族自治区共有东乡族2 168人，青海省共有2 498人，仅格尔木市就有东乡族农户300多户、1 200多人，被当地人称之为"东乡村"。但甘肃省之外的东乡族人口最多的省区是新疆。

2010年全国第六次人口普查时，新疆东乡族人口就达到61 613人，占全国东乡族人口的9.91%，而甘肃省东乡族人口为546 255人。

第九章
名人逸事

东乡族人民在历史的发展过程中涌现出很多的著名人士,在战争时期能够舍生取义,以民族利益为己任。在新中国成立初期,能够舍小家为大家,以民族事业为己任。在当下,能够继承民族传统,弘扬民族文化,谱写新时期东乡族历史的新篇章。

在反抗斗争中涌现的革命先烈

"眼窝司令"——马穆哥

马穆哥,今东乡族自治县凤山乡查拉松庄人,经名穆特菲勒,因其眼窝较深,号称"眼窝司令"。马穆哥出身于农民家庭,家境贫寒,曾被国民党抓壮丁,后逃回。民国时期政荒民弊,压迫沉重,农民不堪承受。1942年8月,马穆哥与马福善、马继祖父子结识,暗结盟约,在东乡、广河一带的东乡族贫苦农民中搞秘密串联,发动武装起义,"抗丁、抗粮、抗款",与国民党政府进行斗争。1943年初,国民党驻临洮保安团"清剿"边家湾。马福善、马继祖父子进行抗击,首先打响了"甘南农民起义"第一枪。马穆哥随后宣布起义,率领100多东乡族人,带着20多支枪,迅速赶到临洮县王家坪,与马福善、马继祖父子会合,整编为游击营,马穆哥任营长,在岷县梅川镇、木寨岭、老父店及临洮县高庙山一带开展游击活动。

甘南农民起义纪念碑 ▶

1943年4月,马穆哥率部在康乐县八松一带与广河东乡族起义军华团长联合,组成一支东乡族农民起义军。国民党康乐县县长赵文清得知后,派县保安大队分队马世五、苏效二人带领保安队30多人前往镇压。在上湾乡和尚沟梁,双方交火,保安分队长马世五受伤,保安队溃败。

不久,肋巴佛率领藏、汉、回、土、蒙古、东乡族义军南下武都。由于武都是汉族地区,起义军中的回、东乡族起义军的食宿极为不便。为此，肋巴佛决定起义军主要成员为回、东乡族的綫志录部至康乐与马穆哥部会师。重新整编后，马穆哥任司令，綫志录为副司令，活动于康乐、临洮一带。

1943年5月，康乐县县长赵文清再派县自卫队总指挥高龙舟、县保安大队队长张用久带兵60人，兵临朱家山，镇压起义军。马穆哥带领起义军分兵向保安队发起进攻，经过两天两夜激战，保安队、自卫队全线溃败，起义军大获全胜。之后，起义军又接连打了几次胜仗，队伍不断壮大，迅速发展到1 700多人，继续与国民党保安队、自卫队在康乐、临洮一带周旋。

1943年6月，马穆哥率领2 000多东乡、回族起义军，在临洮牙下集与马福善、马继祖联合，整编为6个团，马继祖任司令，马穆哥为副司令。国民党政府如临大敌，调集部队大举"清剿"起义军。国民党五十九师师长盛文从临洮红套峪向朱家山逼近；马步芳的1个骑兵团、2个步兵团从康乐一带堵击；国民党第七师从康乐胭脂川夹击。王仲甲、马福善、马继祖、肖焕章、肋巴佛、马穆哥等集结在洮河西面，决定分头迎战。由马继祖指挥，马穆哥配合作战，为前线指挥。肖焕章率部阻击国民党第七师，肋巴佛率部伏兵于拐斜坡，马福善坚守紫松山，王德一防守帐房山，马穆哥、綫志录坚守红套峪沟。各民族起义军与国民党五十九师在朱家山拉开了战幕，国民党用大炮向前沿阵地狂轰滥炸。马福善父子、马穆哥、肖焕章带领的起义军与国民党部队展开激战，激战两天两夜，因敌众我寡，形势严峻。各路起义军撤出战斗，并决定遣散部队，化整为零，保存实力。

◀ 肖焕章

起义军退至临潭境内，因消耗大，无法补给，在八角城又因指挥不统一，作战失利，损失惨重。1943年7月，马福善、马继祖、马穆哥商议分散隐蔽。马穆哥遂率10人向北转移，欲返回东乡。因东乡风声日紧，马穆哥遂决计去陇东陕甘宁边区，投奔共产党的革命队伍。在前往陇东的途中，遭其手下暗害，壮志终未如愿。

弃暗投明通电起义将军——马英才

马英才，出生年月不详，今东乡族自治县达板镇红庄村人，人称"红庄旅长"。马英才少时家境贫寒，随父在家务农。穷苦的生活迫使他13岁时外出到兰州谋生，在"胡门子"饭馆跑堂洗碗。因不慎打破碗碟出逃，沿街行乞，晚上睡于城门洞。14岁时被马鸿逵的部下抓为壮丁，当兵吃粮，开始军旅生涯。历任班长、排长、营长、团长、旅长，后擢升为贺兰军少将副军长兼二五七师师长。解放战争时期，弃暗投明，通电起义。新中国成立后，担任甘肃省民族事务委员会委员，省政协常委、委员，省参事室参事等职。

马英才在戎马倥偬之余，曾多次回乡兴办实业，比较大的有两件：一是修通板桥路。从临夏至兰州，过去的脚户路是贯穿东乡锁南坝、经唐汪川渡洮河、经过漫坪到兰州，这也是古丝绸之路南路的主要通道之一。从达板顺洮河沿川到唐汪川，在红庄村下边二里地，大路被巍峨的黑石山拦阻，黑石山悬崖下的洮河水流湍急。清朝时期，曾在这里修栈道，铺板桥通行，故称此地为"板桥"。每年夏、秋季，洮河暴涨，冲走木桩板桥，道路阻断，无法通行，有要紧事就要爬崎岖羊肠石道，绕路5公里，给当地群众的生产、生活带来诸多困难。大水退后，重修栈道板桥，要向上下村群众摊派收钱，困难户交不起，怨声载道，栈道桥很不安全，桥塌人亡的事经常发生。

1938年，马英才派出宁夏工程技术人员进行测量。之后，运来炸药，施工人员拆除栈道板桥，炸开100多米长的青石峭壁，天堑变通途，当地群众无不拍手称快。现在从唐汪川通向兰州的唐达路黑石山板桥段就是在马英才设计、炸通公路的基础上拓宽而成的。

二是兴办教育。20世纪30年代末至40年代初，洮河下游西岸沿川近30公里地带，只有唐汪川的一所学校。达板川12个村的近2 000户东乡族群众聚居地，没有一所学校，当地教育可谓是一片空白。马英才自行筹划，征用土地7亩多，在达板川一带建起红庄学校。学校有教室16间，教师宿舍、厨房、柴草房8间。分4个班级上课，从宁夏聘请教师，教师工资、学生书费、校服费全部由他自己承担，并在每年开学之初都按时送到学校。红庄学校为达板川乃至东乡县培养了不少人才。

老红军——马锋

马锋，曾用名马占彪、马福禄、马占海，1907年出生于东乡族自治县那勒寺镇黑庄村一个世代务农的东乡族家庭。

1929年，河州年仅17岁的回族青年号称"尕司令"的马仲英发动了一场反对国民军的斗争，东乡族青年马锋立即参加了这次起义斗争。1931年，马锋到马廷贤部一军三师一团当兵，后随部队开往宁夏。该部与驻守在那里的马鸿宾部队合并，驻扎在宁夏吴忠堡。1933年，编入马鸿宾部三十五师一〇五旅。1936年4月，被红一军团收编，马锋被编入红一军团十一师直属回民连。同年8月，被党组织派往延安中央党校训练班学习。期间，毛泽东到党校接见了他们，他们聆听了毛泽东所做的报告。1937年6月间，马锋到宁夏固原一带秘密了解沙河暴动情况。1939年5月至1944年，在曲子县任三岔区副区长、县一科事务科员等职，此后又被调任孟坝县一科事务科员。1947年2月回家务农。

临夏解放后，马锋在宁定（今广河县）县北三区（平善区、牟家区、乐善区）积极宣传党的民族政策，安定民心，动员群众筹粮、筹款，支援前线。1949年后，先后担任广河县一科科长、公安局长、县长、县委副书记兼县长等职。1959年1月，广河、和政、康乐三县合并，马锋担任大炼钢铁兵团指挥部政委。1959年2月调任临夏回族自治州政协副主席。在"文化大革命"中，马锋遭到人身攻击、诬陷，被迫离职休养。1974年，经组织审查得以恢复党籍，同年7月，当选为甘肃省政协常务委员。1979年3月—1980年2月，任临夏回族自治州政协副主席、州人大常委会主任等职。1982年5月离休。

红军战士——马泳

马泳，1918年出生于今东乡族自治县龙泉乡荒山村大庄。少时家境贫寒，迫于生计，到康乐县马家集乡小沟姑父家放牲畜。

马泳当兵后，入马鸿宾部三十五师一〇五旅，随军驻防甘肃省曲子县附城镇。中国工农红军红一军团第十一师抵达附城镇，与马鸿宾部展开激战，打败了马鸿宾部队，俘虏中有部分人员自愿留下当红军，马泳被编入红军十一师回民连，开往宁夏固原豫旺城驻扎。红军十一师到达宁夏西吉单家集，迎接红四方面军并与之胜利会师。为保障红四方面军在西吉的休整，红十一师主动出击，引诱胡宗南某部到环县山城堡打仗，马泳时任回民连三班班长。1937年，红十一师抵达陕西云阳镇，后又围至甘肃正宁县。同年8月，马泳加入了中国共产党。

西安事变后，中国工农红军改编为国民革命军第八路军。为了培养少数民族干部，回民连30多名指战员全部被送往陕北，编入警备三团回民连，马泳任该连三班班长。1938—1940年，警备三团在瓦窑堡、清涧、商家村驻防。1940年2月，马泳赴延安抗大第二大队学习。同年5月，转到中央党校37班学习。在此，马泳接受了抗日民族解放运动的系统教育，坚定了打败日本帝国主义、解放全中国的信念。

1941年春，延安组织了3个考察团，马泳任其中一个团的团长，并赴曲子县三贫镇考察。结束后，仍回到延安学习。

1942年2月，马泳被中央组织部派往靖边搞民族统战工作。不久，又被调往盐池县城关乡任文书，同年8月，在盐池县整训班参加整风运动。同年11月调靖边整训班，同马永祥一起参加整风学习。1943年，马泳带领10多名学员到靖边纺织厂学习技术，学成后回到三边公学开办纺织厂，马泳任厂长。他带领全厂职工，发展生产，解决了300多人的吃饭穿衣问题。

1946年，马泳从三边公学调到新华乡担任文书。1946年底，组织上调马泳去陇东专区，同马永祥、高健君、马尔沙（牙含章）参加了"陇南事变"。他们经过华亭县时被国民党军队打散，迂回固原，到达庆阳西北工委，又由西北工委派往兰州，开展党的地下工作。当时兰州形势十分紧张，马步芳警备司令部特务机关到处追捕共产党员和进步人士。在这种情况下，马泳暂时脱离了与党的关系，在迷茫中回到广河县庄窠集躲藏。1947年4月，到西吉县隐藏。

1949年甘肃解放后，西吉县县长沙熏介绍马泳到甘肃省委组织部，被分配临夏专署工作。1950年，临夏地委组织部分配其到东乡，负责筹备成立东乡自治区（县一级民族自治地方）的工作；1950年9月25日，东乡自治区政府正式成立，马泳担任东乡族自治区财政科长兼粮食局长；1952年，在中共临夏州委组织部部长白凤章的介绍下重新入党；1953—1955年，马泳任东乡族自治区副主席，期间被派到西北党校学习；1955—1956年，调任临夏州财政科长；1956—1958年，调任东乡族自治县县委副书记；1959—1963年，任东乡族自治县县长。他虽居于副书记、县长的位置，但依然保持着艰苦朴素的作风。

1959—1961年，全国三年困难时期，东乡群众的生活也极度困难，人口大量外流，形势非常严重。他在考勒乡下乡时，当地群众纷纷要求"单干"（土地包产到户），马泳采纳了群众意见，充分调动了广大农民群众的生产积极性，很快遏制了个别地方出现的饿死人的现象。1962年12月，马泳同县委书记何凤仪到省里汇报东乡的困难情况，向省委书记高健君要了425万公斤粮食，及时解决了群众的饥荒。

1964年12月，临夏州委对东乡县土地包产到户的"错误"做出决定：撤销马泳县委副书记兼县长的职务，开除党籍并开会批斗。1965年马泳被调到州党校集训学习，后在临夏县安集公社和中光大队参加社教运动。1966年10月，被调到临夏州贫协任副主席。

"文化大革命"开始后，马泳被冠以"走资派"罪名，被拉到东乡县批斗。1968—1970年，马泳到甘南牧区过了3年野外生活。1971—1972年，被调到州"五七"干校学习。1973年2月，调任康乐县农办主任。1979年4月，马泳调任临夏州人民政府秘书长，1980年2月被选为州政协副主席，1981年2月离休。

革命先辈——穆德彪

穆德彪（1921—1982），原名马德，今东乡族自治县车家湾乡水家村人，他为人豪爽，秉性耿直，是东乡早期的革命先驱。

在青少年时代，由于家境贫困，穆德彪没有上学读书，长期在家务农。1931年，被国民党马鸿宾部抓去当兵，并当上了副班长，驻防曲子县附城镇。1936年4月参加了红军，编入红一军团十一师直属回民连，驻扎固原豫旺城。同年7月，任红十一师回民连一排二班副班长。由于作战勇猛，战功突出，同年10月，经罗云栋、段进堂介绍加入中国共产党。

1937年，红军十一师奉命开赴抗日前线，穆德彪被派到陕北，编入警备三团回民连任二班班长。1938—1939年，警备学习，同年4月，又从抗大转入中央党校三班学习政治文化，学习结束后，转到庆阳分区工作。1941年1—6月，在延安中央民族学院学习，期间，曾赴环县考察。同年7月，受党的派遣，到宁夏吴忠堡搞党的地下工作。途经陶乐县时，被马鸿逵部队抓去，坐牢3个月。在狱中，他受到反动派的严刑拷打和折磨，但他始终没有泄漏党的秘密，遂被释放。1942年10月—1943年，受党的派遣，穆德彪先后在庆阳分区、环县等地开展地下工作。1945年4月，受庆阳地委统战部委派，到陇西一带搞地下工作，途经隆德县时，被敌镇公所第二次抓入狱中，扣押审讯，历经折磨。出狱后受甘肃工委派遣，回到阔别已久的临夏开展地下工作，先后在康乐、宁定、东乡等地活动，直到临夏解放。

1949年11月—1952年，穆德彪任和政县县长。期间组织剿匪反霸，救灾安民，加强民族团结，为巩固新生的人民政权做了大量的工作。1956年11月—1966年，担任临夏回族自治州中级人民法院院长。他积极宣传国家法律，为保卫社会主义建设发挥了积极的作用。

"文化大革命"开始后，临夏州中级人民法院遭到严重冲击，陷入瘫痪状态。穆德彪被迫停职，在临夏市党校隔离审查，接受批斗，但他仍然坚定信念，不忘自己的职责。1972年—1979年2月，穆德彪任临夏州物资局副局长。1979年3月—1982年6月，任临夏回族自治州政协副主席。1982年离休，同年9月逝世。

当代作家、艺术家和学者

民间文艺家——赵存禄

赵存禄，又名伊斯马尔，1930年出生于今东乡族自治县上湾村。从小随家庭逃荒到青海，少年就读于西宁昆仑中学。新中国成立后参加工作，先后供职于青海省民和县文教部门。曾任中国回教协会委员、青海省文联委员、青海省民间文艺家协会理事、民和县文联副主席等职。系中国民间文艺家协会、中国民俗学会、中国少数民族文学学会、中国群众文学学会及青海省作家协会会员。迄今为止发表过民间文艺、民俗学、民族学、文史类、考古类文章800多篇；出版《看火车去》《民和民族民间文学集》《民和歌谣集》以及花儿民歌体叙事长诗《东乡人之歌》等。短篇小说《巴岭雪莲》收入《中国新文艺大系·少数民族文学集》。其作品在省里多次获奖，《中国民间歌谣继承·民和歌谣集》获中国北方片民间文学一等奖，《东乡人之歌》获河湟"开拓杯"金奖。

◀ 赵存禄

语言学家——马国忠

马国忠，1931年生于今东乡族自治县达板镇黑石山村。20世纪50—90年代，先后在西北民族学院和兰州伊斯兰教经学院从事教学、行政管理工作，兼及民族教育研究，曾任甘肃省教育学会理事、甘肃省少数民族教育研究会常务理事、甘肃东乡族文化研究会名誉会长。先后主持编写了《甘肃民族教育的回顾与前瞻》《西北民族学院大事记》《西北民族学院院史》，与东乡族学者陈元龙合作编著《东乡语汉语词典》。2003年参与云南大学在全国范围内开展的民族调查工作，并主编出版了《中国民族村寨调查丛书》之一的《东乡族——甘肃东乡县韩则岭村调查》一书。

◀ 马国忠

汪玉良先生作品

汪玉良 ▶

作家、诗人、画家——汪玉良

汪玉良,笔名赫黎,生于1933年11月。今东乡族自治县唐汪镇汪家村人,国家一级作家,著名的东乡族诗人、作家、画家。曾任中国作协民族文学委员会委员,中国少数民族作家学会常务理事,甘肃省第二、三届文联副主席,兰州少数民族文学会顾问等职。是我国东乡族第一位作家,文学创作始于20世纪50年代初期,创作以诗歌为主,兼及小说和文艺评论,迄今已发表各类文学作品近千篇,约400万字。先后出版《幸福大道共产党开》《米拉尕黑》《汪玉良诗选》《大地情思》《水磨坊》《马五哥与尕豆妹》等诗歌专著。其

主要作品被选进我国高等院校教材和《中国新文学大系》《中国少数民族文学》《当代百家诗选》等集子。与人合著长篇小说《爱神？死神？》,参与编著教科书《中华之光》等著述多种。作品曾先后荣获全国第一、二、七届少数民族文学创作一等奖,并获各级优秀文学作品奖十余次。2000年出版《汪玉良花鸟画集》,部分国画作品被选入《翰墨中国》大型系列艺术画集。

画家——白淑贞

白淑贞,女,笔名如玉,东乡族画家,1943年生于今东乡族自治县锁南镇锁南村。中国美术家协会甘肃分会会员,中国剪纸协会会员。曾任东乡县文化馆馆长、县人大常委会副主任、第八届全国人民代表大会代表。1975年开始绘画创作,1982年她的作品《婚礼》在全国少数民族画展中获佳作奖,1984年又获全省美术作品荣誉奖,被民族文化宫收藏。国画《锁南坝新貌》,1985年入选《中国穆斯林书画集》。

舞蹈家——马学武

马学武，1946年生于今东乡族自治县锁南镇，12岁参加东乡县文工团当舞蹈演员。1964年6月毕业于西北民族学院艺术科舞蹈班，之后一直在临夏回族自治州民族歌舞团当演员、编导、副团长，现任临夏回族自治州文联副主席、中国舞蹈家协会会员、中国民间舞蹈研究会会员、甘肃省舞蹈家协会理事。20多年来他一直从事舞蹈编导，他创作的舞蹈作品有《激流飞筏》《驭手新歌》《高原渔歌》《擀毡舞》和舞剧《月光宝镜》。其中《月光宝镜》曾荣获1980年全国第二次少数民族文艺会演奖。

作家——马如基

马如基，又名丁文，1948年8月生于今东乡族自治县达板镇达板村，现为临夏回族自治州作协副主席，系甘肃省作家协会会员、甘肃省民间文艺家协会会员、甘肃省少数民族作家协会理事、甘肃省花儿研究会理事。自20世纪60年代后期开始从事文学创作和民间文学搜集整理工作，先后在全国和地方性报刊发表诗歌、小说、散文、民间故事、"花儿"等300多首

《河州风情》书影

（篇），出版发行连环画《活捉麻狼》《塔拉池的少年》，诗集《漫行集》，主编《河州风情》一书。作品入选《全国少数民族诗选》《甘肃诗歌选》《青春似火》等多种书籍。曾获第三届全国少数民族文学骏马奖特别奖、首届甘肃敦煌文艺奖、甘肃省第三届少数民族文学创作优秀奖、临夏回族自治州"五个一"工程奖。

学者、作家——马自祥

马自祥，笔名舍·尤素夫，1949年11月生于今东乡族自治县锁南镇锁南村。西北民族大学教授，硕士生导师。1988年加入中国作家协会，历任中国民间文艺家协会理事、中国少数民族作家协会常务理事、甘肃省第四届文联副主席、甘肃省民间文艺家协会主席、甘肃省文化促进会副主席、中国民族文艺家协会副会

马自祥 ▶

长。曾是第七届、第八届甘肃省政协委员。主要从事民俗学、民间文学、民族文学的研究工作并进行民族文学创作。创作始于20世纪70年代,著述有《东乡族文化形态与古籍文存》《袅袅话东乡》《东乡族》《东乡族风俗志》;中短篇小说集有《山情》《鸽子飞了》;长篇小说有《阿干哥》《阿娜的憨敦敦》;诗集有《五班梅》《踱步集》;散文集有《东乡秋雨》《风景这边独好》。剧本有《米拉尕黑》《哗哗晓月》《花儿与少年》;他的专著《东乡族文学史》被列为《八五》国家重点社会科学项目,是东乡族文化史上第一部全面系统科学地总结分析评价近700年来东乡族口头文学和书面文学的鸿篇巨著。先后出版各种著作31种,字数达1 000万字以上,作品先后荣获第一届、第四届全国少数民族文学奖·骏马奖,学术著作获中国民间文艺山花奖·学术著作奖;剧本获文化部文华奖和优秀编剧奖。获甘肃省各类评奖20多次。他曾荣获中国民间文艺家协会"德艺双馨民间艺术家"称号,1999年被国务院授予"全国民族团结进步事业模范"称号,2003年3月,获甘肃省委省政府颁发的文艺终身成就奖,2009年12月获中国民间文艺"山花奖"。

民族历史学家——马志勇

马志勇,1950年8月生于今东乡族自治县达板镇。曾任东乡族自治县经委主任,临夏州志办副主任、主任、副总编辑、总编辑,现任临夏回族自治州文联副主席,《河州》杂志主编、副编审,还任中国花儿委员会常务理事、中国文艺家协会会员、甘肃省少数民族作家协会事理。参与主持完成了《临夏州志》和《临夏州综合年鉴(1986—1995)》,参与修改审定了全州8个县市志书。出版的个人著述有《中国西北角·河州民族论集》《河州志校刊》《东乡族源》《临夏回族自治史话》等。发表文章达百篇200万字,作品两次获得临夏州"五个一"工程奖,甘肃省地方史志二等奖。他研究东乡历史,提出了东乡族源"萨尔塔为主"说。

事迹多次被刊登在《甘肃日报》《甘肃民族文学》《中国专家人才库》等报刊书籍中，多次获得国家、省、州奖项。

马建华

马建华，女，教授。1956年出生于东乡族自治县。1977年，考入新疆师范大学化学系。1982年，分配到新疆农业科学院职工大学任教，连续两年被评为校级"优秀教师"，担任化学教研组组长。1995年，赴山东大学化学院做高级访问学者。一年后，她考上了中科院上海原子核博士研究生。从1992年11月起，在她担任无机室主任期间主持了一些项目，其中的部分课题获得了多项奖励，她负责研制的"原棉游离糖的复合降解剂"2000年获得了国家发明专利。2001年4月，她被作为优秀人才引进到集美大学生物工程学院，担任了化学——环境工程教研室主任。

◀ 马建华

在科研方面，马建华在《中国科学》等核心期刊（SCI收录）发表了数篇高质量的论文。博士论文《醌类光合酸酶电子转移光氧化DNA的激光光解研究》获1999年度中国科学院院长奖学金。在集美大学生物工程学院从事教学和有机生物学、天然产物化学研究工作以来，主持参与科研课题32项，获奖2项，发表论文46篇。主持并参与了福建省、厦门市、国家自然科学基金等科研项目共25项，已主持完成5项，获国家发明专利两项，同时以第一作者发表研究论文24篇，其中SCI、EI收录9篇；参加国际、国内学术交流论文9篇。

任职以来，曾入选为福建省百千万人才工程"第三层次的人选"，获优秀教师、文明标兵、优秀共产党员等荣誉，被授予厦门市和福建省"三八红旗手"称号，获得了福建省"五一劳动奖章"，福建省师德先进个人，福建省劳动模范，福建省三八红旗手，厦门市劳动模范，厦门市三八红旗手，集美大学优秀教师，集美大学师德先进个人，集美大学优秀共产党员和集美大学教学名师等荣誉。

"花儿"歌唱家——马永华

马永华，1960年2月生于东乡族自治县东塬乡祁家村。著名东乡族"花儿"歌手，国家二级演员。现为临夏回族自治州民族歌舞团专业演员，临夏回族自治州戏剧协会副主席。在1987年7月甘肃人民广播电台主办的"长风杯民歌邀请赛"中获"银波奖"，同年11月在"西北五省区宝鸡杯民歌邀请赛"中获三等奖，1990年在甘肃省举办的首届"花儿"大奖赛中获一等奖，2000年在南宁国际民歌艺术节中荣获"最佳歌手"奖，并应邀参加了中央电视台举办的"五十六个民族，五十六个祝福"大型春节晚会。他的个人演唱专辑有：中国西部乡村歌曲《傻女婿》和回族宴席曲《飞凤凰》《东乡人》《保安族姑娘一朵花》。2000年被临夏回族自治州委、州政府授予"全州专业技术优秀拔尖人才"称号。

青年作家——马自东

马自东，1961年出生于东乡族自治县河滩镇。1986年7月，毕业于陕西师范大学数学系，毕业后一直从事中学教学、学校管

马自东

理、教育行政管理工作，现为甘肃省临夏民族中学校长。2001年，开始从事业余文学创作，发表散文处女作《为母亲祈祷》，之后便一发不可收拾，坚持业余文学创作，陆续先后发表散文作品50多篇。以温情的叙写，不息地歌吟母亲，歌吟故乡，2009年，由河北人民出版社结集出版散文集《为母亲祈祷》。先后获得临夏回族自治州网络文学一等奖，散文集2001年获得甘肃省作家协会黄河文学奖。系甘肃省作家协会会员。

马福元

马福元,1961年出生,西北民族大学马克思主义学院院长,教授,哲学博士。主要从事马克思主义理论及宗教学研究。1990年,北京大学哲学系硕士研究生班攻读研究生课程;1992年,于埃及爱资哈尔大学语言中心、巴基斯坦国父(阿里·真纳)大学攻读阿拉伯语言文学专业,并获文学硕士学位;2000年,北京大学哲学系做高级访问学者,同期完成《马克思恩格斯论阿拉伯文化》课题;2002年,北京大学哲学系、宗教学系攻读了博士,获得了哲学博士学位;2003年,北京大学攻读学位期间,受国家教育部留学基金委指派以赴叙利亚大马士革大学做高级访问学者。

◀ 马福元

自工作以来,在《世界宗教研究》《西北民族研究》《宗教》《西北民族大学学报》《甘肃民族研究》《中国穆斯林》《社科纵横》《西北第二民族大学学报》及《甘肃日报》等刊物发表论文50余篇。主要著作:《甘肃省民族地区非公有制经济发展现状与对策研究》《马克思恩格斯论阿拉伯文化》《民族理论与宗教问题研究》《马克思主义理论与实践研究》(第1、2集)等等。主要科研项目:《甘青藏区汉传佛教与汉藏文化交流》(国家社科基金)、《民族地区多元化宗教和谐相处经验和对策研究》(国家社科基金)、《汉传佛教与甘南宗教关系研究》(甘肃省社科基金)。

马成良

马成良,1963年出生,甘肃广河县人,教授。1986年毕业于中央民族大学哲学系,任教于西北民族大学,伦理学硕士研究生导师。

马成良长期致力于哲学及思维科学的研究,代表论文《科学与实践的非至上性问题研究》,代表著作《哲学新思

◀ 马成良

维》。近几年来，发表各种论文15篇，其中发表在CSSCI上的论文5篇，参与编写各类著作8部，参与完成国家级课题4项，省部级课题2项。教学近30年来，虽谈不上学术地位和个人影响，但一贯做事认真，思想积极。随着年轮的增长和思想的不断成熟，他转而多考虑本民族的发展事务和中国穆斯林大众的教育及文化事业。

汪玉堂

汪玉堂，1963年出生。西北民族大学医学院教授。1980年9月—1985年6月，西北民族大学医学院临床医学专业学习，获得医学学士学位；2004年9月—2006年12月，兰州大学人体解剖学专业学习，获得硕士学位；2006年8月取得教授资格。中国遗传学会、中国解剖学会会员，甘肃省解剖学会常务理事。曾在甘肃省人民医院进修骨科和普外科2年，在中山大学医学院进修人体解剖学1年，在巴基斯坦进修英语3个月。

汪玉堂

从1985年7月起在西北民族大学医学院从事教学和科研工作至今，主讲硕士研究生"医学人类学"和本科生"系统解剖学"等课程，从事医学人类学和体质人类学科研，发表论文30多篇，其中代表性的如"裕固族牧民中老年人群血压水平和体质状况分析《临床心血管病》杂志"、毛细支气管炎血清NT-proBNP变化意义《中国妇幼保健》、体质对儿童肺炎心衰患儿血清氨基末端脑利钠肽前体和超敏C反应蛋白水平的影响《解剖学》杂志等；出版教材一部，专著一部，主持或参加科研项目4项，获西北民族大学教学成果奖1项，获甘肃省高等学校科技进步三等奖1项。获得过西北民族大学"青年教师成才奖""中青年学科带头人培养对象"称号。

书法家——陈坤

陈坤，1966年10月生于东乡族自治县达板镇陈家村，中国阿拉伯文书法家。现任兰州伊斯兰教经学院讲师，系中国国际硬笔书法家协会常务理事，甘肃省硬笔书法家协会副秘书长。1988年获"首届西北书法大赛"优秀青年书法家称号，1991年获首届"中国民族文化博览会"民族书法新秀奖、奇能绝技表演一等奖等3项大奖。6幅阿拉伯文书法作品被中国历史博物馆收藏。1993年在巴基斯坦"文化周"活动中获得书法和美术设计两个一等奖，1994年在土耳其书法艺术展中获优秀作品奖。1996年获得国际硬笔书法展世界艺术名人奖。《中国【论语】陈坤阿拉伯文书法作品展》2014年11月15日在兰州博物馆举行，而后将在中东阿拉伯各国进行巡回展。

◀ 陈坤

"花儿"歌唱家——何清祥

何清祥，1967年生于东乡族自治县河滩镇汪胡村。中国民间音乐家协会会员，中国西北花儿演唱歌手。现为临夏州民族歌舞团一级歌唱演员。1999年在黄河流域九省区民歌大赛中获得二等奖；2000年在南宁国际民歌艺术节中获金奖，同年制作出版个人专辑《河州花儿红》。2001年9月在第二届中国少数民族文艺调演中获得二等奖。2003年8月获第四届中国西部十二省区民歌大赛金奖，同年制作出版花儿专辑《醉花儿》《俏花儿》。2004年12月，在人民大会堂参加中国文联《百花迎春》大型春晚，并在10多个省区卫视演播。最新出版的花儿经典专辑《一辈子不分开》受到各族观众欢迎。

◀ 花儿演唱家——何清祥

青年作家——钟翔

钟翔，原名马忠祥，1967年出生于临夏回族自治州康乐县。大学毕业后，曾当过4年山区小学教员，后被调到广河县人民政

钟翔

府任秘书,后又调任广河县政协专委会主任,现任临夏回族自治州文化馆副馆长。在繁忙的工作中,他一直坚持文学创作,尤其见长于诗歌和散文的写作。先后在《诗刊》《星星》《飞天》《中国民族报》《阳光》《甘肃日报》等报刊发表诗歌、散文。系中国作家协会会员,中国诗歌学会会员,2003年5月在中国文联出版社出版诗集《心旅》;2010年出版散文集《乡村里的路》,该书在2012年荣获第十届全国少数民族文学奖——骏马奖。

青年作家——了一容

了一容

了一容,名张根粹。1976年出生于宁夏回族自治区西吉县沙沟村。中国作家协会会员、《朔方》编辑部编辑。少小离家,为了生计,曾在新疆天山牧场当过牧马人,也曾在青海巴颜喀拉山里淘过金,浪迹大西北各省区。1990年开始发表文学作品。迄今在全国各个文学期刊已发表文学作品100多万字,他的小说《历途命感》入选2000年度中国最佳短篇小说集。《独臂》入选2003年《中国短篇小说精选》。2004年获"春天文学奖"。2008年小说集《挂在月光下的铜汤瓶》荣获第九届全国少数民族文学奖——骏马奖。

马米娜

马米娜,女,字清晖,号乃清。1987年生于甘肃兰州,祖籍甘肃东乡。东乡族唯一的中国美术家协会会员,中国美术家协会最年轻的会员之一,东乡族第一位美术专业女硕士毕业生。

2006—2010年,就读于中央民族大学美术学院美术教育系本科,毕业并获得文学学士学位和北京地区高等学校优秀毕业生称号;2010—2013年,被推荐保送至中央民族大学美术学院国画专业免试攻读硕士研究生，毕业并获得文学硕士学位和优秀毕业研究生称号；2014—2015年，进修于中国国家画院国画（水墨人物）高研班。

作品曾参加全国性美术展并获奖，其作品《等待就餐的"小满拉"》《魂牵梦萦忆故乡系列》等获2010《民族百花奖》中国各民族美术作品展优秀奖。作品入选首届《朝圣敦煌》全国美术作品展览、"塞上明珠·美丽宁夏"第八届中国西部大地情中国画油画作品展。作品获吉祥草原·丹青鹿城——2014年全国中国画作品展优秀奖（最高奖）、第三届全国少数民族美术作品展优秀奖等、追寻中国梦甘肃美术作品大展暨十二届全国美术作品展。多次和他人举办画展。本科毕业论文《神圣性：东乡族服饰文化的一个重要特征》发表在《中国少数民族艺术新论》、硕士研究生毕业论文《当代中国西北地区穆斯林民族题材绘画概论》发表在《甘肃民族研究》。《东乡族头像》《阴天》等多幅作品在中国美术馆、中国军事博物馆、炎黄艺术馆等机构展出，多幅作品被民族文化宫、中国民族博物馆等国内重要机构和个人收藏。个人作品及艺术专访分别发表在《民族画报》《中国民族报》《中国民族》（英文版）、《中国穆斯林》、甘肃电视台等媒体上。曾应邀赴韩国、阿联酋等国采风写生和艺术交流。

◀ 马米娜

民间文艺家——唐剑虹

唐剑虹，生年不详，卒于1957年1月，东乡族自治县唐汪镇人。1949年加入"兰州文艺工作者协会"（今甘肃省文联和文化局）。1950年11月，搜集选编并出版《西北回族民歌选》。1953年，到东乡地区专门进行花儿搜集工作，共搜集花儿3 000多首，长歌30多首；同年11月，整理编印《甘肃民歌选》（第一辑）。1954年深入临夏、武都两专区搜集民歌3 500多首，整理编印《甘肃民歌选》（第二辑）。1955年与人合作编印《甘肃民歌选》（第三辑）。1957年1月，整理编辑的《甘肃民歌选（花儿）》（第一辑）由甘肃人民出版社出版。

女作家——冯岩

冯岩，女，现任《西北民族大学报》主编、中国作家协会会员、甘肃省作家协会会员、甘肃省民间文艺家协会会员。曾在《民族文学》《飞天》《山东文学》《回族》《散文诗》《河州》《甘肃民族文学》《甘肃文苑》《丝绸之路》等国家及省地级文学刊物发表文学作品200多万字，并有百余篇佳作入选几十部作品集。与他人合著文学专著5部（报告文学集）、《西北民族大学名流风采录》、大型旅游文学专著《寻古·探幽·览胜》《西北民族大学校友风采录》《走进中国回族》等。2002年出版个人散文集《小城之恋》，并于2004年荣获甘肃省文学最高奖项首届"黄河文学奖"优秀奖，有近百篇作品在全国及省、市级各种征文中屡屡获奖。曾荣获中国世纪大采风组委会授予的"金奖作家""全国百佳新闻工作者"称号；并被授予"兰州市百名优秀青年"荣誉称号和西北民族大学"民族团结先进个人"称号等。

冯岩 ▶

参考文献

1. 《东乡族简史》编写组. 东乡族简史. 兰州：甘肃人民出版社, 1984
2. 马自祥. 东乡族风俗志. 北京：中央民族学院出版社, 1989
3. 马自祥. 东乡族文学史. 兰州：甘肃人民出版社, 1994
4. 马自祥, 马兆熙. 东乡族文化形态与古籍文存. 兰州：甘肃人民出版社, 2000
5. 马自祥. 东乡族. 北京：民族出版社, 2003
6. 《东乡族简史》编写组, 《东乡族简史》（修订本）编写组. 东乡族简史. 北京：民族出版社, 2008
7. 马自祥, 马兆熙. 东乡族文化艺术研究. 北京：民族出版社, 2009

图片提供者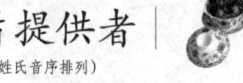
（按姓氏音序排列）

白淑贞	第61页	第101页	第151页（上）	马忠华
第151页	第62页	第102页	了一容	第32页
陈坤	第64页	第106页	第153页（中）	马自东
第150页	第66页	第107页	马成良	第154页
东乡族自治县文化馆、	第67页	第108页	第156页	妥建军
马韞菲、马兆齐	第69页	第109页	马福元	第8页
第10页	第70页	第110页	第155页	第13页
第11页	第72页	第111页	马国忠	第15页
第14页	第73页	第112页	第149页	第17页
第15页	第78页	第113页	马建华	第23页
第24页	第80页	第116页	第154页	第28页
第25页	第83页	第119页	马米娜	第40页
第26页	第84页	第120页	第157页	第103页
第30页	第85页	第122页	马兆熙	第105页
第35页（下）	第88页	第123页	第34页	第129页
第38页	第90页	第124页	第35页（上）	汪玉良
第44页	第91页	第128页	第47页	第147页
第45页	第92页	第130页	第48页	汪玉堂
第46页	第93页	第131页	第51页	第157页
第49页	第94页	第132页	第52页	赵永正
第50页	第95页	第133页	第74页	第138页
第53页	第96页	第134页	第148页	钟祥
第54页	第97页	第135页	第153页（上）	第153页（下）
第55页	第98页	第136页	马忠贤	
第58页	第99页	第140页	第18页	
第60页	第100页	第141页	第22页	

后记

作为本民族学者,应约承担《走近中国少数民族丛书·东乡族》的撰写任务,感到十分欣慰。笔者曾编撰出版过《袅袅话东乡》《东乡族》《东乡族文学史》《东乡族风俗志》《东乡族简史》《东乡族文化艺术研究》《东乡族文化形成与古籍文存》《中国少数民族古籍·东乡族卷》等有关东乡族的书籍。这次为了增补新的内容和图文并茂的要求,笔者重又踏上故乡的土地,行走在熟稔的山山沟沟,与乡亲们促膝谈心,亲眼看见家乡的各项发展有了新的跨越,故乡的土地上到处洋溢着收获的喜悦,山乡新农村亮点频闪。尤其是习近平总书记亲自到东乡族自治县县城锁南镇和最偏远的小山村布楞沟视察过后,犹如一股春风扑进山谷,勤劳的东乡族受到极大的鼓舞,他们正用饱蘸激情的大笔,与全国各族人民一道谱写着"中国梦"的壮丽篇章,深情地记述这个变化。在这本普及性的读物中,把我们民族简要而生动、风趣有致地介绍给广大读者,是我们的荣耀和责任。

本书写作过程中,参阅了有关其他东乡族研究方面的论著,并使用了许多东乡族自治县文化局提供的照片和各位友人提供的照片,在这里谨致谢意!

2014年12月